중국의 신사계급

P 카이로스총서 59

중국의 신사계급 China's Gentry

지은이 페이샤오퉁
옮긴이 최만원

펴낸이 조정환
책임운영 신은주
편집 김정연
디자인 조문영
홍보 김하은
프리뷰 표광소

펴낸곳 도서출판 갈무리 등록일 1994. 3. 3. 등록번호 제17-0161호
초판인쇄 2019년 8월 21일 초판발행 2019년 8월 26일
종이 화인페이퍼 인쇄 예원프린팅 라미네이팅 금성산업 제본 경문제책

주소 서울 마포구 동교로18길 9-13 [서교동 464-56] 2층
전화 02-325-1485 팩스 02-325-1407
website http://galmuri.co.kr e-mail galmuri94@gmail.com

ISBN 978-89-6195-213-2 93300
도서분류 1. 사회학 2. 인류학 3. 중국문화 4. 중국사 5. 역사

값 16,000원

Essays on Rural-Urban Relations

고대에서 근대까지

China's

중국의 신사계급

Gentry

페이샤오퉁 지음   최만원 옮김

권력자와 민중 사이에 기생했던 계급

갈무리

일러두기

1. 이 책은 費孝通, 『中国绅士』, 惠海鸣译, 中国社会科学出版社(北京), 2006을 로버트 레드필드의
   영어판 서문을 제외하고 한국어로 옮긴 것이다.
2. 단행본과 정기간행물에는 겹낫표(『 』)를, 논문에는 홑낫표(「 」)를 사용하였다.
3. 1장 1번 주석을 제외한 모든 주석은 한국어판 옮긴이가 한국어 독자의 이해를 돕기 위해 삽입한 것이
   다. 1장 1번 주석은 중국어판 옮긴이 후이하이밍의 것으로, [중국어판 옮긴이]라고 표기하였다. 중국
   어판 옮긴이 서문의 주석들은 일부는 후이하이밍의 것이고, 일부는 한국어판 옮긴이의 것이다. 중국
   어판 옮긴이 서문에서는 한국어판 옮긴이 주석에 [옮긴이]라고 표기하였다.
4. 인명의 경우 고대부터 청말 시대까지는 한자음(예: 공자, 공손홍 등)으로, 민국 시대 이후부터는 중국
   어 발음에 따라 표기하였다.

차례

베이징에서 공부하던 시절 우연히 한 서점에 들렀는데 '신사'[1]라는 낱말이 들어간 책 제목과 150쪽이 채 넘지 않는 부피가 눈을 사로잡았다. 어린 시절 외화를 통해 기억하고 있는 지팡이에 모자를 눌러쓴 '영국 신사'와 '중국 신사'는 어떻게 다를까? 쉬엄쉬엄 읽으면서 낯이 붉어지고, 공감에 고개를 끄덕거렸다. 귀국 후 다시 중국에 들러 쑤저우苏州에 가서 페이샤오퉁의 제자이자 중국어판 번역자인 후이하이밍을 만나 한국어로 번역해 출판하기로 했다.

이 책은 좀 복잡한 역사를 가지고 있다. 1953년 미국에서 출판된 *China's Gentry : Essays on Rural-Urban Relations*[2]는 페이샤오퉁이 영어판 엮은이인 레드필드 여사[3]에

---

1. 이 책에서 '신사'(gentry, 绅士)는 중국에서 고대부터 중화민국 초기에 이르는 시기까지 지역에서 영향력을 행사한 지주나 퇴직 관리를 지칭한다.
2. Hsiao-tung Fei, *China's Gentry : Essays on Rural-Urban Relations*, Edited and Revised by Margaret Park Redfield, University of Chicago Press, 1953.
3. 마가렛 레드필드(Margaret Redfield)는 시카고대학의 인류학자 로버트 레드필드(Robert Redfield, 1897~1958)의 부인이다. 마가렛 레드필드가 이 책

게 자신의 두 저서 『황권과 신권』[4]과 『향토재건』[5]을 구술한 내용을 토대로 출판된 것이다. 레드필드 여사는 이에 더하여, 출신 배경이 다른 여섯 명의 신사를 페이샤오퉁이 개별적으로 만나 조사한 내용을 부록에 추가해 출판하였다.[6] 또 레드필드 여사는 영어권 독자의 이해를 돕기 위해 적지 않은 주석을 덧붙였다. 그러나 중국어판 역자 후이하이밍惠海鳴은 페이샤오퉁의 두 저서의 내용을 제외한 부분, 즉 레드필드 여사가 부록에 추가한 여섯 명의 신사에 관한 내용과 영어권 독자들을 위해 덧붙인 (자신이 불필요하다고 느끼거나 잘못되었다고 판단한) 주석을 모두 삭제하였다. 동시에 그는 청나라 말기부터 중화민국 시기의 전통적인 신사계급의 변화에 대한 이해를 돕기 위해 페이샤오퉁이 1946년 미국의 사회학 잡지에 발표한 「농민과 신사」農民与紳士를 번역해 중국어판에 수록했다. 따라서 『중국어 신사계급』의 한국어판에는 영어판 원서보다는 페이샤오퉁

영어판의 엮은이고 로버트 레드필드가 영어판 서문을 썼다.

4. 费孝通·吴晗, 『皇权与绅权』, 上海观察社, 1948.

5. 费孝通, 『乡土重建』, 上海观察社, 1948.

6. 영어판에 따르면 여섯 명의 신사의 인터뷰 내용을 수집한 인물은 Yung-teh Chow이지만, 중국어판에 따르면 여섯 명의 신사를 만난 사람은 페이샤오퉁이다.

의 제자이자 중국어판 역자인 후이하이밍의 의도가 좀 더 반영되었다고 할 수 있다. 한국 독자들의 이해를 돕기 위해 한국어판에는 중국어판에 거의 없는 각종 '고사성어'나 '인용문'을 각주를 붙여 간략하게 설명했다. 그러나 2009년 홍콩에서 출판된 『중국신사』[7]는 레드필드 여사의 영어 원본 내용과 형식을 그대로 따랐다.

이 책의 바탕이 되는 두 저서 『황권과 신권』과 『향토재건』은 모두 국공 내전이 막바지에 접어든 1940년대 후반에 쓰였는데, 수천 년의 봉건제가 역사의 무대에서 사라진 후 새로운 시대를 고민하는 중국 지식인들의 우려와 기대를 담고 있다. 지식인이면서 하급 관리로서 사회의 변화를 추동하고 중요한 역할을 담당할 수 있음에도 자신과 주변의 정치적·경제적 이익을 지키기 위해 급급한 신사계급과, 고대부터 현재까지 중국 인구의 다수를 점하고 있는 농민이 여전히 공생하는 길을 찾지 못하고 있는 상황에 대한 우려가 담겨 있다. 특히 "적극적인 정치적 책임감을 갖고 있지 않다."고 저자가 적극 비판한 전통 신사계급과 새로운 시대의 변화를 이끌어 주기를 기대했지만 저자의 기대와

---

7. 费孝通, 『中国士绅』, 赵旭东·秦志杰译, 生活·读书·新知三联书店, 2009.

는 다른 선택을 한 현대 신사계급에 대한 아쉬움이 이 책에 고스란히 녹아 있다. 동시에 기나긴 국공내전이 막바지에 이른 시점에서 중국 대륙의 새로운 통치 집단으로 부상한 '중국공산당'에 대한 저자의 막연한 기대감도 조금 엿볼 수 있다.

2019년 8월

최만원

　　1987년 베이징대학 사회학과 박사과정에 페이샤오퉁 교수의 제자로 입학한 이후, 그의 영문 저서 *China's Gentry*를 『중국의 신사계급』이라는 제목으로 번역을 시작한 지 18년이 흘렀다. 교정을 마치고 나니 쇼펜하우어Arthur Schopenhauer의 "가치 있는 책이란 소실된 부분을 제외하고는 항상 오랫동안 새로움을 더해 주면서 처음 출판된 것처럼 생동적인 모습으로 다가오고 또 결코 전통의 그늘에서 낡은 것을 고수하지도 않는다. 따라서 저자에 대한 오해는 오래가지 않는다. 즉 처음에는 어떤 편견에 직면하더라도 오랜 시간이 흐른 후에는 결국 그 참모습을 드러내게 되어 있다. 일시적인 충격과 시련을 겪은 후에야 사람들은 그 저서에 대해 평가할 수 있으며, 그 책의 진정한 가치도 비로소 드러나게 된다."[1]라는 말이 옳다는 생각이 든다.

---

1. 阿图尔·叔本华, 『人生的智慧』, 上海人民出版社, 2001年版, 第52页. [한국에는 양지당에서 『인생론』(1980)이라는 제목으로 처음 출판한 이후 여러 출판사에서 계속 재판이 출간되었다. — 옮긴이]

이 책은 1953년 미국에서 처음 출판된 이후 계속해서 재판되고 미국 이외의 국가에서도 중요한 교육 자료로 활용되었다. 또한 저명한 중국학 연구자인 존 킹 페어뱅크[2]와 모리스 프리드먼[3] 등이 권장 도서로 자주 추천하고 인용했지만 중국에는 아직 잘 알려지지 않았다. 이 책은 페이샤오퉁이 자신의 두 저서『황권과 신권』과『향토재건』의 내용 중 일부를 1949년경 레드필드 여사에게 구술하고, 그녀가 다시 독자적으로 정리하고 보충하여 출판한 것이다. 이 책의 많은 내용을 앞에서 언급한 저서들에서 발견할 수 있지만, 이 책 자체로도 독립적인 가치를 지니고 있다. 이 책의 체계는 참신하고 새로운 논리로 구성되어 있으며, 일정 부분은 다시 썼거나 새로운 내용이 추가되었다. 이뿐만 아니

---

2. [옮긴이] 존 킹 페어뱅크(John King Fairbank, 1907~1991)은 費正淸이라는 중국 이름으로도 널리 알려진 저명한 중국학자. 하버드대학에서 희랍어와 역사·철학 등에 공부했고, 옥스퍼드대학에 유학하면서 중국에 관심을 갖기 시작했다. 1936년 이후 하버드대학의 교수로 재직했다.『미국과 중국』 (1948),『위대한 중국혁명(1800~1985)』(1986) 등의 저서가 있고,『케임브리지 중국사』(편) 시리즈 출판에 기여했다.

3. [옮긴이] 모리스 프리드먼(Maurice Freedman, 1920~1975)은 영국의 인류학자로, 런던의 유대인 가정에서 출생했다. 싱가포르 화교에 대한 연구로 런던대학에서 박사학위를 취득했다.『싱가포르의 중국인 가족과 혼인 풍습』 (*Chinese Family and Marriage in Singapore*, 1957),『중국의 혈통과 사회』 (*Chinese Lineage and Society*, 1966) 등의 저서가 있다.

라 내가 이 책을 번역하는 과정에서 위에서 언급한 두 저서를 여러 번 뒤적였지만 적지 않은 부분의 출처를 확인할 수 없었고, 그럴 때마다 이 책을 번역할 필요성을 새삼스레 느꼈다. 레드필드 여사의 영문 주석은 주로 인용된 중국 고전의 출처에 관한 것이다. 고염무顧炎武·한유韓愈 등 몇몇 인물들에 대해 잘못 평가한 부분에 대해서는 쓸데없는 오해를 피하기 위해 일부러 번역하지 않았고, 책에 언급된 고전은 모두 원문에 충실하게 고쳤다. 그리고 원서에 부록으로 편집된 6인에 대한 짧은 전기 역시 번역하지 않았는데, 그 이유는 이 부분은 레드필드 여사가 추가한 내용일 뿐 페이샤오퉁의 글이 아니기 때문이다. 부록으로 실린 「농민과 신사」農民与紳士는 페이샤오퉁이 1946년 미국의 사회학 잡지에 발표한 논문이다. 이 글에서 주장한 사회구조에 관한 문제와 이 책의 내용이 관련이 있어 함께 번역해 수록했다.

이 책의 출판은 현실적 의미가 있는데, 지금 중국 사회는 미증유의 급격한 변화의 시기에 접어들었다. 우리는 사회학의 창시자인 콩트Auguste Comte의 시대를 회고할 때 일종의 강렬한 역사적 감정을 느끼게 되는데, 1830년을 전후로 대혁명 이후의 프랑스는 "벼락부자들이 통치하는 자본가계급의 사회가 되었다.··· 그들 대부분은 낮은 신분에 별

다른 가정 배경도 없었고 교육도 거의 받지 못했으며, 오로지 개인의 노력으로 성공했지만, … 새로운 시대의 대담한 사업가가 되었다. 그들은 엄청난 위험을 무릅쓰고 은행을 세우고, 철로를 건설하고 또 공장을 세웠다." 그러나 동시에 "교육받은 청년들이 일자리보다 턱없이 많아서 장래가 암담한 상황에 직면했으며, … 권세가들의 대문 앞에서 줄을 서 기다려야 했다. 이들 청년은 사회의 부름을 받지 못했기 때문에 물질적인 면에서 불만을 가졌을 뿐 아니라 정신적으로도 고통 받았는데, 이런 고통을 '세기병'世紀病이라 불렀다. 이들은 이론적으로 자신들의 운명을 해석하지 못했을 뿐 아니라 단호한 신념과 신앙을 생활의 준칙으로 삼지도 못했다."[4] 이런 상황에서 사회학이 탄생했다. 현재 중국 사회의 일부 징후 역시 "작년의 그 제비가 돌아온 것처럼 보인다."[5] 그러면 이 "모든 것들에 어떤 의미가 담겨 있는가? 중국의 사회구조에 대체 어떤 변화가 생겼기에 사람들

---

4. 刘易斯 A. 科瑟(LEWIS A. COSER), 『社会学思想名家』, 石人译, 中国社会科学出版社 1990年版, 第34~35页. [루이스 코저, 『사회사상사』, 신용하·박명규 옮김, 한길사, 2016.]

5. [옮긴이] "似曾相识燕归来." 북송(宋)의 정치가이자 시인인 안수(晏殊)의 「완계사」(浣溪沙) 중 한 구절이다. 시간의 영원과 인생의 유한함을 노래한 시다.

이 이렇게 행동하게 되었는가?"라는 질문에 이 책이 어느 정도 답을 줄 수 있을 것이다.

어떤 사람이 사회인류학의 창시자인 말리노프스키[6] 교수에게 "만약 인류학자로서 생계를 유지할 수 있었다면, 나도 위대한 인류학자가 되었을 것"이라고 말한 적이 있다고 하는데, 만약 자기 자신의 밥그릇만 생각한다면, 누구도 위대한 인류학자가 될 수 없을 것이다. 페이샤오퉁은 80~90

---

6. [옮긴이] 브로니슬라브 말리노프스키(Bronislaw Malinowski, 1884~1942)는 폴란드 출신의 인류학자로 영국 사회인류학의 창시자다. 주로 오세아니아의 여러 종족들을 현지에서 조사했다. 문화의 개념을 인간이 이룬 것들의 총체라고 생각한 말리노프스키는 문화적 양상과 제도를 폭넓게 조사했으며 친족관계와 결혼·교환·제의에 관한 기존의 주장들에 도전했다. 종교적이며 주술적인 행위들을 백과사전식으로 서술한 제임스 프레이저 경의 『황금 가지』를 우연히 읽게 된 말리노프스키는 이 책에 매료되어 오랫동안 탐독했다. 라이프치히에서 최신 심리학과 경제학을 접한 뒤 1910년 최근에 인류학과를 신설한 런던정치경제대학에 입학했다. 그는 이때부터 주로 런던에서 활동했으며, 당시 인류학 연구 모임에서 인기를 누리던 문헌의 오스트레일리아 원주민에 관한 자료를 재해석해 출판한 후 명성을 얻게 되었다. 1930년대에는 아프리카에 많은 관심을 갖게 되었는데 그의 지도를 받으며 학위논문을 준비했던 조모 케냐타의 「케냐 산을 마주보며」(1938)에 서문을 쓰기도 했다(케냐타는 1964년 케냐의 대통령이 되었다). 말리노프스키는 예일대학교 비숍 박물관의 인류학 객원교수가 되었으며 그 후 종신 교수로 멕시코 사회에 대한 연구를 계속했다. 대표작으로는 『야만사회의 섹스와 억압』(김성태 옮김, 비천당, 2017), 『미개(未開)사회의 범죄와 풍속』(*Crime and Customs in Savage Society*, Routledge, 2001), 『문화의 과학이론과 그 밖의 에세이』(*A Scientific Theory of Culture and Other Essays*, Routledge, 2009) 등이 있다.

세에 이를 때까지 평생 '인간 사회와 중국'에 대한 이해를 심화하기 위해 끊임없이 연구하고 실천했다. 그는 "청년기에 우리는 사회학이란 학문을 이론적으로 정립해 보고 싶었지만, 그보다는 우리가 옳다고 생각하는 방식, 즉 중국의 현실사회 속으로 들어가 관찰하고 조사하고 분석하고 연구하는 길을 택했다. 선배들이 과학적인 방법으로 얻은 사회와 관련된 이론들은 우리가 이런 연구를 진행하는 데 도움이 되는 수단이었을 뿐이다. 물론 우리는 그들로부터 배워야 하지만, 설사 우리의 결론이 정확하지 않다고 하더라도 결코 우리가 실제 사회에서 얻은 결론을 대체할 수는 없다."[7]고 말한 적이 있다.

이 말은 이론과 현실 사이의 매우 중요한 관계를 언급하고 있다. 리치[8] 교수의 말에 의하면, 페이샤오퉁의 은사 말리노프스키 교수는 아주 독특하면서도 열광적인 이론

---

7. 費孝通, 『从事社会学五十年』, 天津人民出版社, 1983年版, 第3页.
8. [옮긴이] 에드먼드 리치(Edmund Leach, 1910~1989)는 영국의 사회인류학자다. 『고지 미얀마의 정치체계』(*Political systems of highland Burma: a study of Kachin social structure*, Harvard University Press, 1954), 『신화로서의 창세기와 그 밖의 에세이』(*Genesis as Myth and Other Essays*, Jonathan Cape, 1969), 『문화와 소통: 상징으로 연결된 논리』(*Culture and Communication: the logic by which symbols are connected*, Cambridge University Press, 1976) 등의 저서가 있다.

경험주의자였으며, 말리노프스키 교수의 연구에서 중요한 특징은 이론과 실제의 결합이었다. 사회인류학의 특징은 연구자가 특정 지역에서 생활하면서 관찰하고 또 그 지역의 언어에 정통하면서 역사에도 깊은 지식을 갖출 것을 요구한다는 점이다. 편안한 안락의자에서 생산되는 이론은 이미 도전받고 있다. 뛰어난 현장 조사 능력이 있는 사람이 뛰어난 이론가도 될 수 있으며, 동시에 뛰어난 이론가만이 실질적으로 우수한 연구자도 될 수 있다.

그러나 역사에 관한 연구 역시 사회인류학의 중요한 한 측면이다. 페이샤오퉁이 이 책을 쓸 때는 이미 장춘江村·루춘祿村 등 4개 촌에 대한 현지 조사를 마치고, 중국 연해 지역의 농촌과 내지의 농촌을 비교하고, 쿤밍昆明의 한 공장에 대한 조사도 마친 후였다. 그뿐만 아니라 그는 이 책에서 특별히 역사 문제에 대한 주의를 기울였다. 그 이유는 페이샤오퉁의 은사 판광단潘光旦 선생의 충고 때문이었다. 페이샤오퉁은 『황권과 신권』의 후기에서, "중국 역사에 대해 스스로 좀 더 많이 연구하고 현지에서 조사한 결과들과 잘 연결해서 역사를 경시하는 기능주의자들의 주장을 바로잡기를 희망한다."[9]고 썼다. 페이샤오퉁은 역사를 매우 중시해, 역사를 밑거름 삼아 중국의 문화와 사회구조를 분석했는데, 그는 다시 『향토재건』에서 "문화의 개혁이란 낡은 것은 버리고 새로운 것만 취하는 것이고 새로운 것은 낡은 것의 주변에서 변화해 출현한다. 역사의 연속성은 급격한 개혁의 시도가 누적된 결과이지만 사실상 이러한 오랜 문화와 습관을 피할 수 없다. 이런 것들이 객관적인 한계다. 그러나 이런 한계를 인식할 때에만 자유를 얻을 수 있다. 한계를 인식할 때만 자유를 얻을 수 있는데, 한계를 인식한다는 것이 그 한계에 순종한다는 의미가 아니라 지피지기의 과정에서 한계를 극복해 나가기 위해 필요한 절차이다."[10]라고 주장했다. 이후 페이샤오퉁의 역사 시기 구분에 대한 분석 및 장춘에 대한 50여 년의 연구는 항상 이론·역사 및 현실을 결합하는 방식으로 진행되었다. 이러한 방식은 기능주의에 대한 페이샤오퉁의 관점과 일치하는 것이었다. 이 때문에 차오젠乔健 교수는 페이샤오퉁을 역사기능주의학파로 구분했다. 분명히 중국의 현실사회는 하늘에서 떨어진 것도, 아무런 내용도 없는 하얀 백지 상태도 아니다. 중국은 여전히 사회주의 초급단계에 머물러 있

---

9. 吳晗·費孝通等, 『皇权与绅权』, 天津人民出版社, 1986年版, 第148页.
10. 費孝通, 『费孝通文集』第四卷, 群言出版社, 1999年版, 第424页.

으며, 해야 할 일도 많다. 역사는 종종 사람들을 놀라게 할 정도로 비슷한 면이 있는데, 우리가 걸어온 역사를 이해하는 것은 현재 사회를 인식하는 데 도움을 준다. 현지에 대한 연구조사와 이론 및 역사연구를 결합한 이러한 방식은 적어도 페이샤오퉁의 이 책에서 이미 시작되었다.

이 책이 이미 외국에서 사회학 분야의 전문 서적으로 인정받고 있지만, 마이클 프란츠가 장종리張仲礼의 저서 『중국의 신사』中国绅士 서문에서, "민국 시대에 대한 선택적인 묘사와 중국의 고전에서 발췌한 일부 감상을 결합한 페이샤오퉁의 연구가 제국 시대의 '신사'에 대한 연구를 대표할 수는 없다."고 예리하게 지적한 사실에 주목할 필요가 있다.[11] 나는 그들이 비판하는 이유와 방식을 이해할 수 있을 것 같다. 아마도 이것은 조사연구 중의 사회인류학적 연구방식과 사회학적 설문조사 방식의 차이 때문일 것이다. 이런 차이는 아마 후자의 경우 종종 사전에 특정 현상이나 사안에 대한 설문을 준비한 후 현지 조사 때 실제 상황과 좀 다르더라도 설문 목적에 부합하는 질문을 하는 과정에서 발생할 가능성이 있다. 이러한 방식이 종종 준비성 있고 논

---

11. 张仲礼, 『中国绅士』, 李荣昌译, 上海社会科学出版社, 1991年版, 第7页.
   [장중례, 『中国의 绅士』, 김한식·정성일·김동건 옮김, 신서원, 1993.]

리적인 것처럼 보일 수도 있지만, 조사 대상의 양적인 문제나 표면적인 답변밖에 얻을 수 없다는 한계에 직면할 수도 있다. 반면에 사회인류학은 사회학 연구 방법처럼 엄격하지 않으면서 한 사람이 직접 설문 내용이나 조사 방법을 준비하고 또 연구항목과 문제들이 모두 실질적인 조사과정에서 나오기 때문에 그 결과가 구체적이고 생동감이 있으면서 집중적이라는 장점이 있다. 앞에서 서술한 두 가지 조사 방법은 지금까지도 학계에서는 실질적으로 서로 다르게 평가하고 있다. 장종리의 『중국의 신사』는 순수하게 고서古書에 대한 연구로서, 저자가 이 책에 쏟아부은 노력은 사람들을 감복시킨다. 서술체계 역시 일목요연하고 분명해서 일정 부분 설문조사 연구 방법을 차용한 것 같은 느낌이 들기도 한다. 그러나 하버드대학의 페어뱅크는 장종리와 마이클 프란츠의 책을 비판하면서 다음과 같이 말했다 : "장종리의 『중국 신사의 수입』中国绅士的收入은 신사의 노동을 과도하게 평가하고 있을 뿐 아니라 경작에 관한 1887년의 정부 자료에 지나치게 의존하고 있다."[12] 사실 장종리의 『중국의 신사』 역시 비슷한 결함을 내포하고 있는데, 다

---

12. 中国社会科学院历史研究所编译室译, 『剑桥中国晚清史』 下卷, 中国社会科学出版社, 1985年版, 第9页.

시 말하면 지나치게 책 속의 자료들을 강조한 나머지 현실
감이 부족하다는 것이다. 종이 위에 쓰인 글들은 내공이
부족하다는 생각이 드는데, 현지 조사에서 얻은 느낌에 비
하면 신선함이 떨어질 수밖에 없다. 중국의 신사 문제가 근
대 중국의 위대한 변화를 반영하고 있는데 어찌 현실과 분
리해 생각할 수 있겠는가? "사람이 진실하고 스스로 규율
을 잘 지키면 사람들을 감동시키고 존경받게 된다."桃李不言,
下自成蹊 13 독자 여러분께 페이샤오퉁의 이 책을 읽어보기를
권한다.

페이샤오퉁의 이 책은 크게 두 개의 주제로 구성되어
있다. 하나는 지식인과 전통 중국의 신사에 관한 문제이고,
다른 하나는 농촌·도읍과 도시에 관한 문제이다.

진정으로 중국의 신사에 대해 이해하고자 한다면 겉으
로 드러난 현상만 보아서는 안 되고, 반드시 중국의 사회,

---

13. [옮긴이] 출전 : 西汉·司马迁, 『史记·李将军列传』. 복숭아와 자두나무는
    그 꽃이 아름다울 뿐 아니라 맛도 있어서, 사람들의 발길이 이어지고 따라
    서 이 나무 아래로 자연스럽게 길이 형성된다는 뜻이다. 사마천이 한(汉)
    나라 장군 이광(李广)을 칭찬한 고사에서 유래했는데, 이광은 경제(景帝)
    와 무제(武帝)에 걸쳐 혁혁한 전과를 올려 이민족들로부터도 존경받았지
    만, 이 때문에 간신들의 모함으로 젊은 나이에 스스로 삶을 마감했다. 그렇
    지만 올바른 품행과 공적으로 수많은 부하와 백성이 그를 존경하고 애도
    했다.

정치 및 역사적 배경과 사회구조의 변동에 대해 전체적으로 논해야 하며, 신사가 거처한 농촌·도읍 및 도시의 사회구조와 상황의 전형적인 예를 찾아 구체적으로 연구하고 조사해야 한다. 정확한 사회구조의 개념은 반드시 실제 생활에서 나오며, 이것은 동시에 현실에 대한 개괄이기도 하다. 오늘날의 사회인류학자에게 이런 연구 자세는 단지 출발점일 뿐 아니라, 연구자들이 어떤 조사에 대한 보고서를 작성할 때 시작부터 진지하게 중국의 사회구조에 대해 현지 조사를 해야 한다는 점을 깨우쳐 준다. 이런 것들이 페이샤오퉁이 우리 후학들에게 희망을 갖게 하는 지점이다. 로버트 레드필드가 서문에서 언급했던 것처럼,[14] 이 책은 "혁명적 상황에 부닥친 중국이 공산주의 문턱에 진입하는 과정에 관한 페이샤오퉁의 관점과 판단을 표현한 책이다." 이 책의 마지막 구절은 바로 "중국은 새로운 지도자와 개혁을 원한다."이다. 이것이 이 책 『중국의 신사계급』의 결론이다. 사회가 부식腐蝕해 가는 조류의 충격은 농민들의 반

---

14. [옮긴이] 『중국의 신사계급』의 중국어 역자 후이하이밍은 레드필드 여사가 엮은 영어판을 중국어로 번역하여 중국어판을 출판하는 과정에서 책의 편제와 내용에 적지 않은 변화를 주었다. 한국어판은 중국어판을 토대로 번역을 진행했기 때문에 로버트 레드필드의 영어판 서문을 번역에서 제외했다.

란을 부추기고, 생활·경제·정치와 도덕 등 온갖 문제가 중국인들 앞에 펼쳐질 때 부패에 찌든 국민당 정부는 무기력했고 필연적으로 혁명의 대상이 되었다. "농촌의 재건을 위해서는 반드시 한 가지가 전제되어야 하는데, 그것은 바로 인민을 위해 봉사하는 정부가 있어야 한다는 사실이다."[15] 라고 페이샤오퉁은 말했다. 그뿐만 아니라 "언론의 충분한 자유는 민주사회의 기본 조건이며, 오로지 민주적인 사회에서만 인민은 자신의 생활에 대한 이해 수준을 실질적으로 제고할 수 있고 이를 통해 이성적인 사고에서 도출한 공통된 의견을 기반으로 책임 있는 일치된 행동을 할 수 있다."[16]

　　페이샤오퉁의 책을 읽는다는 것은 일종의 즐거움이다. 여기서 굳이 이 책을 통해 민국 시기를 이해할 수 있게 되었다^{應是鴻蒙借君手}라고 표현하지 않더라도[17], 이 책에 담긴 내

---

15. 费孝通, 「乡土重建」, 『费孝通文集』 第四卷, 群言出版社, 1999年版, 第439页.

16. 같은 책, 第421页.

17. [옮긴이] 청(淸)나라 황중칙(黃仲則, 본명 : 黃景仁, 1749~1783)이 사공산(謝公山)에 있는 이백(李白)의 묘 앞에서 그의 뛰어난 작품을 그리워하면서 사용한 표현이다. 이백의 뛰어난 작품들은 '시인 자신의 뛰어난 능력 때문이 아니라, 당시의 상황이 그를 통해 표현되었다.'는 의미다. 당시의 시대상황을 훌륭하게 담아낸 스승에 대한 역자의 존경과 애정이 담긴 표현

공이 결코 하루아침에 이루어지지 않았음을 알 수 있다. 이 글을 쓸 당시에 그는 40세 전후였는데, 그리스인들이 말하는 것처럼 전성기를 보내고 있었으며 장년 시절의 왕성한 기세와 넘치는 재능이 지속해서 발전하고 있었음을 알 수 있다. 미국의 저명한 사회학자 밀스C. Wright Mills는 "일종의 특유한 감성과 지적 능력을 사회학적 상상력이라고 할 수 있다. 인간에게 실제로 필요한 것이 무엇이고 또 자기 스스로 필요한 것이 무엇인지를 느낄 수 있는 사색은 일종의 아주 특별한 심리적·지적 능력으로, 이런 능력은 인간이 자신이 이해한 상황들을 잘 운용할 수 있도록 돕고 또 인간 이성의 발전도 도와서 세상에서 진행되고 있는 일들을 분명하게 평가하고 이후에 어떤 일들이 발생 가능한지에 대해서도 판단할 수 있도록 해 준다."[18]고 말한 적이 있다.

우리 모두 페이샤오퉁을 따라 배워보자. 지금 우리가 해야 할 작업은 "중국 사회를 가장 중요한 연구대상으로 삼아, 아주 오래된 전통적인 농촌사회에서 현대화된 사회로 변화해 가고 있는 과정을 연구해 보자. 이런 과정을 기

이다.

18. 赖特·米尔斯等, 『社会学与社会组织』, 浙江人民出版社, 1986年版. 第6页.

록하고 명확하게 분석해서 … 모든 사람이 사물의 본질을 파악할 수 있도록 도와야 할 책임이 우리에게 있다. 우리의 사회학은 논문을 위한 논문을 쓰는 것이 아니라, 국가의 건설을 위해 기여하는 사회학이 되어야 한다."[19] 우리가 이런 방식으로 연구를 진행한다면 연구가 거듭될수록 연구 범위가 넓어지고 동력이 생겨서 이론적인 연구가 가치가 없다는 생각을 다시는 하지 않게 될 것이다.

마지막으로 이 책의 출판을 지지하고 도와준 페이종후이費宗惠, 장롱화张荣华, 판나이구潘乃谷 선생과 후이샤오빙惠小兵, 천보젠陈伯坚, 궈샤오홍郭晓鸿, 니밍倪明, 진쥐안金娟 등 동료들에게 진심으로 감사를 표한다. 이들의 격려와 비판이 없었다면 이 책은 출판되지 못했을 것이다.

1992년 초고, 2005년 11월 수정

후이하이밍

---

19. 北大社会学系编, 『社会研究』, 北京大学出版社, 1987年第2期, 第171页.

1장

◇◇◇◇◇◇◇◇◇◇

신사와 황권

중국 전통傳統사회에서 '신사'紳士라는 낱말은, 특정한 지위에서 특정한 역할을 수행한, 어떤 계급에 속한 사람들을 지칭한다. 여기서 말하는 '전통사회'는 봉건제도[1]가 붕괴한 후부터 기원전 200년 직전까지, 중앙집권적 군주의 권력 아래 제국이 통일된 시기를 말한다. 신사계급의 발전은 역사적 과정을 거치는데, 오로지 이러한 역사적 과정에 대한 고찰을 통해서만 우리는 이 계급의 특징을 이해할 수 있다.

여기서 말하는 신사계급은 경우에 따라서는 사대부士大夫[2]로도 불린, '학자이면서 관리'이던 사람들을 지칭한다. 실제로 신사계급이 '학자-관리' 계층과 밀접하게 관련을 맺고 있지만, 그들과는 구분되어야 한다. 신사계급의 가정에서 태어난 사람이라고 해서 반드시 중국 전통사회에서 학

---

1. [중국어판 옮긴이] 여기서 말하는 봉건제도란 맑스주의자들이 말하는 봉건제도에 대한 개념이나 이와 관련된 논쟁이 아니라, 단지 유종원(柳宗元)이 자신의 글 「봉건론」(封建论)에서 언급한 내용으로, 토지를 하사하고 제후(诸侯)를 봉하는 것을 지칭하며, 부락제도(部落制度)를 계승해 형성된 노예주분봉제(奴隶主分封制)를 지칭한다. 봉건제는 진(秦)나라가 전국을 통일한 후, 중앙정부가 지방을 직접 관할하는 군현제(郡县制)로 대체되었다. 페이샤오퉁 역시 자신의 저서 『황권과 신사』(皇权与绅权)의 「论绅士」부분에서 유사한 의미로 봉건제를 거론한 적이 있다.
2. 고대 중국, 조선, 월남(베트남) 등의 국가에서 학문과 덕망을 갖춘 지식인 또는 지식인 출신의 관료계층에 대한 통칭이다. 고대 중국의 관료조직에서 3공(公), 9경(卿)에 이은 27대부(大夫)와 81원사(元士)에 속하는 하급 관료에 대한 통칭이다.

자나 관리가 되는 것이 보장되지는 않았다. 봉건제 시기에도 시기마다 상황이 달랐으며, 그 당시 귀족과 평민 간의 차이는 매우 컸다. 사士와 대부大夫는 통치계급의 하층에 속했지만 그래도 통치계급의 일부였으며 따라서 실질적인 정치권력도 보유하고 있었다. 그러나 봉건제가 붕괴한 후, 이들은 정치권력을 더 공유할 수 없게 되었고 권력은 황제 1인에게 집중되었다. 황제는 자신의 행정 업무를 집행하기 위해 조력자들을 필요로 하게 되는데 관리들이 바로 황제가 필요로 한 조력자였다. 따라서 관리는 황제의 가족이나 친척들이 아니라 최고 권력자인 황제의 지배를 돕는 하인僕人 3 또는 도구일 뿐이었다.

봉건제가 붕괴한 후 또 다른 중요한 변화가 발생했다. 즉 왕위가 강자 또는 권력을 좇는 사람들의 목표가 되어버렸다는 사실이다. 봉건제 때 정치권력은 황제의 가족과 친척에게 분배되었으며 귀족 가정에서 태어나지 않은 모든 사람은 평민에 속했다. 이들은 자신이 직접 황제가 되거나 황제를 만날 수 있는 기회, 심지어는 황제가 사용하는 신성

---

3. 고대 중국에서 관리란 춘추 시대부터 설치된 관직으로, 황제의 마차와 그 마차를 이끄는 말을 관리하던 직책(太仆, 御仆 등)을 말한다. 또는 고위 관리에게 개인적으로 고용된 사람을 지칭하기도 한다.

한 물건들을 볼 수 있는 기회조차 갖지 못했다. 여자가 남자로 변할 수 없는 것처럼 평민은 황실의 구성원이 될 수 없었다. 그러나 봉건제가 막을 내린 후 누구나 황제가 될 수 있었고 정치권력은 투쟁의 목표가 되어버렸다. 이런 내용이 우한[4]이 쓴 역사가 사마천司馬遷, 기원전 255~207에 대한 고사에 묘사되어 있는데, 사마천은 한漢나라의 권력투쟁을 지켜보면서 자신의 친구에게 "나는 이런 상황을 충분히 이해한다."라고 언급했다. 이때부터 지금까지 정치권력을 쟁탈하기 위한 투쟁은 멈춘 적이 없다. 이제 사람들 눈에 정치권력은 이미 충분히 쟁취할 만한 가치가 있는 진귀한 보물이 되었고, 거물巨物들에게는 일종의 사업이 되었다.

중국에서 봉건제가 붕괴된 이후 정치권력은 더 이상 한 가족 내부에서 승계되지 않았고 평화적인 방식으로 정치권력을 장악한 사실도 거의 발견되지 않았다. 대신 '무력'을 통해 정치권력을 장악하는 방식으로 대체되었다고 나는

---

4. 우한(吳晗, 본명 우춘한[吳春晗], 1909~1969)은 저명한 명사(明史) 연구자로 중국과학원역사연구소 위원, 베이징시 부시장을 역임했다. 부시장 재직 시 덩퉈(邓拓), 랴오모샤(廖沫沙) 등과 베이징시 기관지인 『전선』(前线)에 사회비판적인 칼럼 「삼가촌찰기」(三家村札记)를 게재했다. 문화혁명 중에 역사극 『해서파관』(海瑞罢官, 1960년 발표)이 마오쩌둥을 비판한 것으로 공격받다 1968년 3월 체포되어 수감생활을 하던 중 1969년 10월 감옥에서 스스로 삶을 마감했다.

파악하고 있다. 이 싸움의 승자는 황제가 되고 패자는 역적이 되었다. 따라서 끊임없이 폭군과 마주치게 되고 소수의 사람이 다수의 대중을 지배하게 되었다. 이러한 전제군주형 정치체제는 권력의 승계나 교체에 의해 변화하지 않는다.

영국에서는 군주가 살해당하면 군주의 권력 자체가 타격을 받았다. 군주의 교체는 일정 기간 민중 권력의 확대로 이어졌으며, 군주제라는 정부 형태는 단지 명목상의 의미밖에 갖지 못했다. 그러나 중국에서는 백성들이 피를 흘린 후 일부 운 좋은 모험가들이 왕위에 올랐는데, 하층계급인 농민 출신으로 한漢나라의 첫 황제가 된 유방刘邦과 명明나라의 개국 황제였던 주원장朱元璋이 바로 그들이다. 중국의 공식적인 역사, 즉 정사正史를 연구할 때 왕조세습의 연속성을 발견하게 되지만, 여기서 우리가 잊지 말아야 할 점은 이런 통치자들의 권위가 방자한 모험가들에 의해 끊임없이 도전받았다는 사실이다.

폭력으로 정치권력을 쟁취하는 것은 위험하다. 성공하면 황제가 될 수 있지만, 실패하면 자신뿐 아니라 가족과 문중 구성원 전체가 살해되기 때문이다. 어떤 사람이 황제에게 도전하면 그는 반역자나 토비土匪로 불리게 되고 군사적 압력이 직접 그를 위협하게 된다. 폭력으로 쟁취한 권력은 다시 폭력에 의해 빼앗기게 될 것이다. 전해 내려온 기록에 의하면, 과거 황제가 자신의 지위를 (자신보다 더 훌륭한 통치자가 될 것이라고 인정받은) 다른 사람에게 양도하려 한 적이 두 차례 있었는데, 후계자로 선택된 사람들은 권력이란 피지배계급에 대한 강요가 아니라 봉사라고 인식했기 때문에 황제가 되기를 포기했다. 앞에서 언급한 두 명의 황제가 자신의 권력을 포기하려 한 시도가 어느 정도로 진심이었는지는 알지 못하며, 또 이런 행위가 얼마나 복잡한 정치적 음모의 일부인지 또는 단순한 에피소드에 지나지 않았는지에 대해 알지 못하지만, 어쨌든 이런 사실이 있었다는 점은 분명하다. 그러나 문자로 기록된 모든 중국 역사에서 적어도 스스로 원해서 자신의 지위를 양도한 사례는 발견할 수 없다. "무력으로 권력을 장악한 사람은 결국 무력에 의해 권력을 잃게 될 것이다."[5]라는 속담처럼, 황제가 자신의 지위를 포기했던 경우는 모두 강요에 의한 것

---

5. 출전 : 『史记·郦生陆贾列传』. 한고조(汉高祖) 유방의 책사였던 육고(陆贾)가 "무력으로 권력을 쟁취할 수는 있지만 무력만으로는 권력을 유지할 수 없으니 문무를 겸비해야 한다."(马上打天下, 不能马上治天下)고 경고한 말에서 전래된 것이다.

이었다.

　황제의 지위는 생명의 위험을 감수하고서 쟁취한 것이고 그 지위를 계승한 사람들 역시 대대로 그 지위를 지키기 위해 최선을 다해야 했다. 따라서 황제는 당연히 인자仁慈하고 다른 모든 범죄 행위를 용서할 수 있지만, 자신의 지위를 찬탈하려는 행위는 결코 용서하지 않았다. 권력의 찬탈은 인간 세상에서 발생할 수 있는 사건 중 가장 끔찍한 사건이다. 명나라 초기의 역사를 읽어 본 사람이라면 황제의 지위를 위협한 사람들을 고문한 기록 내용이 마치 지옥으로 향하는 기록 같다는 사실을 알 것이다. 내가 알게 된 한 지방 불교 사찰의 '18층 지옥도'十八层地狱图 6는 명나라에서 실제로 발생한 사건을 회고해 그린 그림인데, 고문과 위협은 황제를 보호하기 위한 것이었다. 내가 어렸을 때 친구들과 놀면서 "나는 황제다."라고 외치자, 할머니가 즉시 놀이

---

6. 출전 : 明·凌蒙初,『初刻拍案惊奇』, 卷三十五 ; 明·冯梦龙,『喻世明言』, 第九卷. 18층 지옥은 염왕이 다스리는 지옥의 명칭으로 18명의 판관이 각층을 관리한다고 알려졌다. 불교에서의 "18층 지옥"은 공간적 개념이 아니라 시간적 개념으로 죄인이 처벌받는 시간의 길고 짧음과 형벌의 강약에 따라 구분된다. 1층부터 층마다 형벌의 고통은 20배, 기간은 배로 가중된다. 제1 지옥의 하루는 인간세계의 3,750년이고 한 달을 30일, 12개월을 1년으로 계산해 1만 년(인간세계의 15억 년)을 복역해야 한다. 제2지옥은 7,500년을 하루로 계산해 2만 년(인간세계 540억 년)을 복무해야 한다. 이후의 지옥 역시 같은 방식으로 복역기간이 가중된다.

를 중단시키면서 "결코 이런 말을 하면 안 된다."고 말한 사실을 기억하고 있다. 할머니의 이런 행동은 미신 또는 지나친 걱정이 아니라 손자가 별다른 생각 없이 내뱉은 말의 위험성에 대한 진정한 인식이었다. 적어도 전해 내려온 이야기들에 의하면 황제들은 예언자들이 미래에 제왕이 될 것이라고 예언한 어린이들을 살해했다.

그러나 이런 폭력적인 위협이 실제로 효과적으로 황제의 권력을 보호해 주지는 않았다. "백성이 죽음을 두려워하지 않는데, 어떻게 그들을 죽음으로 위협할 수 있겠는가."[7] 라고 노자가 말한 것처럼, 권좌는 더 이상 잃을 것이 없는 백성들이 목숨을 내걸고서라도 쟁취하기 위해 투쟁할 만큼 매력적인 것이다. 권력을 쥐고 있는 사람의 야만적인 행위가 다수의 군중을 침묵시킬 수는 있지만, 이들에 대한 억압이 결코 완벽하게 성공할 수는 없었다. 그 이유는 황제의 권력이라는 판돈(미끼)의 규모는 어떤 위험을 감수하고라도 그것을 탈취하려는 자들을 효과적으로 저지할 수 없었기 때문이다. 어떤 사람은 자신의 목숨을 내걸고 정권을 탈취하려고 하고 또 어떤 사람은 권력에 순종한다. 따라서

---

7. 『老子』, 第七十四章 : "民不畏死, 奈何以死懼之."

사람들은 도대체 어떤 선택을 해야 할 것인지에 대해 질문을 제기할 수 있다.

　군주제 정치체제에서 백성들은 책임만 있을 뿐 권한이 없으며 황제의 말은 곧 법이었다. 만약 황제가 장엄하고 웅장한 궁전이나 무덤 또는 거대한 운하를 건설하고 싶다면 백성들의 사정은 고려할 필요 없이 단지 명령만 하면 그만이었다. 제국의 변경을 확장하고 싶으면 그저 군대에 명령을 내리면 되고, 백성들이 그것을 좋아할지 싫어할지에 대해 고민할 필요는 없었다. 세금납부와 병역의무는 모두 백성의 책임이며 이에 대한 보상은 전혀 없었다. 전제군주의 통치하에 생활하는 사람들은 "폭정이 호랑이보다 무섭다."[8]라는 공자의 말을 이해할 수 있을 것이다. 호랑이보다 더 무서운 전제군주의 폭정은 중국에서 이미 오랜 역사를 갖고 있다. 이 때문에 우리는 호랑이가 우리(笼子)에서 뛰쳐나오면, 겁에 질린 사람들이 량산(梁山)으로 도망간다고 말한다.

　황제의 통치 아래 있는 사람들은 안전을 보장받지 못한다. 정치적 폭군의 위협이 모든 사람에게 똑같은 압력으로 작용하기는 하지만, 이런 압력에도 결국에는 차이가 존

---

8. 「檀弓下」, 『礼记』: "苛政猛于虎".

재할 수밖에 없다. 그 이유는 부자들은 돈을 지불하고 그 대가로 자신의 안전을 보장받을 수 있기 때문이다. 예를 들면 중국의 전통적 징병제도에서 부자들은 돈을 지불하고 병역을 면제받을 수 있었다. 고시古詩에서 묘사한 것과 유사한 가정의 파괴가 부유한 집안에서는 결코 발생한 적이 없었다.[9] 따라서 빈민계급 출신들이 정치적인 모험가가 될 수밖에 없었다.

부를 많이 소유하거나 적게 소유하고 있는 것은, 다른 사람들의 암묵적인 동의를 얻거나 반대에 직면하게 되는 상황에서 중요한 요인이 된다. "사람은 명성을 얻는 것을 두려워하고, 돼지는 살찌는 것을 두려워한다."[10]는 말이 있다. 정치권력을 가진 자들이 공격할 때, 부자들은 가난한 사람들과 비교해 재난을 피하기가 훨씬 어렵다. 이런 상황에서 재산은 일종의 부담으로 작용하게 된다. 정치권력의 행동을 관찰하면서, 부유한 가정은 매우 기민하게 움직이게 된다. 절망에 빠진 가난한 사람들은 반란을 일으키거나 산을

---

9. 「十五从军征」, 『乐府诗集·横吹曲辞·梁鼓角横吹曲』. 봉건사회의 불합리한 병제제도를 비판한 한대(汉代) 악부민요로, 15세에 전쟁터에 끌려가 80세가 되어 고향에 돌아온 인간의 삶을 묘사한 작품이다.
10. 曹雪芹, 『红楼梦』, 第83回: "人怕出名猪怕壮."

점거해 토비가 되기도 하며 심지어는 스스로 황제의 권위에 도전하기도 한다. 그러나 많은 재산을 가진 사람이나 그의 가족은 이런 행동을 쉽게 할 수 없다. 이들은 방법을 강구해 권력자의 공격에서 벗어나려고 노력한다. 불행하게도 선조들은 "천하의 모든 땅이 왕의 것이 아닌 것이 없고, 이 땅의 모든 사람은 왕의 신하다."[11]라고 말하고 있다. 이런 시대에는 여행이 어려워서 워싱턴이나 브라질로 도피할 수도 없고, 홍콩처럼 개방된 항구도시에서도 피난처를 구할 수 없었다. 자연적·지리적 조건으로 보더라도 도저히 피할 방법이 없었다. 그러나 이런 주장이 완벽한 것은 아니다. 고대에도 일부 사람들이 조선이나 일본으로 도피한 사실을 알고 있다. 그러나 보통 사람들은 반드시 자신이 살고 있는 사회 안에서 자신을 보호할 수 있는 방법을 찾아야 했다.

물론 이처럼 권력이 집중된 군주제에는 약점이 있다. 그것은 바로 앞에서 말했던 것처럼, 황제 한 사람이 모든 권력을 움켜쥐고 있지만, 그 혼자만의 힘으로는 국가를 관리할 수 없다는 사실이다. 설령 황제가 다른 사람과 권력을 분점하기를 원하지 않더라도, 통치를 위해서는 다른 사람

---

11. 『诗经·小雅·谷风之什·北山』: "谱天之下, 莫非王土 ; 率土之滨, 莫非王臣."

들의 도움을 받아야 한다. 따라서 반드시 관리를 고용해야 했다는 사실이다. 이렇게 고용된 관리들은 통치 집단과는 어떠한 혈연관계도 없으며, 단지 권력을 집행하는 종복從僕 역할을 할 뿐 정책을 입안할 어떤 권한도 갖고 있지 않다. 이러한 비효율적인 체계 안에서 보통 사람들은 자신의 사적인 관심사를 찾을 기회를 발견하게 되었다.

진秦, 기원전 221~207나라가 중국을 통일하기 이전에 효율적인 행정체계를 구축하려는 시도가 있었는데, 이런 시도는 법가法家 또는 좌파 사상가들의 영향 아래에서 진행되었다. 이들의 주장은 이론적으로 보면 나쁘지 않았다. 국가를 효율적으로 관리하기 위해서 모종의 법적 근거를 마련하고 모든 사람이 이 법에 의해 구속되게 하려고 했다. 진나라의 재상宰相이었던 상앙商鞅은 이러한 이론을 실천에 옮기려고 시도했는데, 불행하게도 그는 한 가지 사소한 문제, 단 한 사람, 즉 황제가 법의 테두리 밖에 존재할 수 있도록 하는 실수를 범했으며, 결국 이러한 부주의는 그가 구상한 전체 체계를 망가뜨려 버렸다.

상앙 본인도 이로 인해 목숨을 잃었다. 법적으로 상앙은 태자太子가 황제의 계승자 신분이었을 때는 그를 처벌할 수 있었지만, 태자는 황제가 된 후 상앙을 죽이라고 명령했다. 상앙 자신이 만든 효율적인 체계가 오히려 그 자신이 처한 위험한 상황을 피할 수 있는 길을 차단해 버렸다.

만약 최고 권력자가 법률에 의해 제약을 받게 된다면 행정 당국은 충분히 최고 권력자를 통제할 수 있을 것이다. 그러나 중국 역사에서 이런 사건은 결코 발생한 적이 없으며, 그 결과 (관리를 포함한) 통치자들은 결코 효율적인 행정체계를 구축하려고 시도하지 않았다. 오히려 이와 상반되는 현상이 분명히 존재했다. 한편으로는 비효율성과 기생寄生 현상이 나타났으며, 다른 한편으로는 황제의 제국에 대한 원격 통치와 (줄곧 이상적인 것으로 여겨진) 아무것도 하지 않는 무위無爲현상이 나타나게 되었다. 그러나 '주재注紙하되 통치하지 않는' 좋은 황제라는 이상은 실현되기가 극히 어려웠다. 따라서 관리들은 차선책으로 그들 자신을 보호하고 자신의 친척들을 위해 뒷거래를 할 뿐 아니라, 자신의 지위를 방패 삼아 황제의 변덕으로부터 자신을 지켜내는 일에 관심을 갖게 되었다. 통제할 수 없는 황제의 권력으로부터 자신과 가족 및 친척들을 보호하기 위해서는 합법적이거나 법률적인 방법뿐 아니라 개인의 영향력에도 의존해야 했으며, 관리들은 바로 이런 것들을 추구하게 되었다. 그들은 황제의 권위에 도전하는 것이 아니라 황제에게 접근해 그를 위해 봉사하면서 이익을 챙기는 동시에 황제가 요구한 부담을 비교적 신분이 낮은 계층의 사람들에게 떠넘겼다. 지주계급은 자신에 대한 황제의 권력이 효력을 상실하게 함으로써 그의 공격에서 벗어나려고 노력했다. 관료 그룹과 그들의 친척들은 중국 사회에서 법률의 영향을 받지 않으면서 납세와 병역의무도 면제받는 특수한 계급을 형성했지만, 진정한 정치권력은 소유하지 못했다.

지배당하지 않으면서 동시에 권력의 원천泉源에 접근하기 위해서는 매우 고난도의 기술이 필요하다. "황제가 죽으라고 명하면, 신하는 죽을 수밖에 없다."君要臣死 臣不得不死와 "모든 책임은 나(신하)에게 있으며, 황제는 실수하지 않는다."臣罪当诛 天王圣明라는 옛말처럼, 관리의 직무를 수행하는 것이 쉬운 일은 아니다. 만약 관리가 황제의 이익을 지키는 임무를 소홀히 한다면 그는 목숨을 잃게 될 것이다. 황제가 금전이나 노동력이 필요할 때 관리는 반드시 황제의 이런 요구에 적극적으로 호응해야 하는데, 그의 임무는 이 부담을 민중에게 떠넘기는 것이다. 그러나 이런 부담이 민중에게 과도한 부담이 될 때 민중은 반란을 일으키게 되고 이때 관리들은 먼저 민중의 공격을 받음으로써 황제를 대신해 속죄양이 된다. 따라서 관리는 반드시 두 개의 얼굴,

즉 백성에게는 가혹하고 반대로 황제에게는 순종하는 양면성을 갖고 있어야 한다. 그들은 황제의 횡포나 민중의 분노로부터 직면하는 어려움에서 벗어날 수 있는 변별력을 반드시 갖추고 있어야 한다. 중국 관리들의 생애는 '거대한 폭풍우 속에서 항해할 수 있는 특별한 재능'으로 묘사되고 있다. 나이를 먹어가면서 쌓은 경험이 그들의 소득을 증대시킨다. "나에게 상투적인 이야기는 하지 마세요."라는 중국식 표현이 있는데, 이것이 영어에서 말하는 "나에게 진실을 말하세요."라는 의미는 아니다.

평온한 시기에 관리가 된다고 해서 직접적인 경제적 이익을 얻을 수 있는 것은 아니다. 황제의 입장에서 관리가 자신의 지위를 이용해 부를 축적하는 것은 이 체제가 부패하고 또 자신의 부가 감소함을 의미한다. 따라서 군주의 힘이 아주 약하지 않다면 군주는 이런 관리를 절대 용납하지 않는다. 따라서 관리는 평온한 시기에 자신의 지위를 통해 그다지 이익을 얻지 못하고 오히려 빈털터리가 될 수도 있다.

그렇다면 사람들은 왜 관리가 되려고 하는가? 도연명陶淵明의 시는 이런 감정을 다음과 같이 표현하고 있다. "내가 왜 관리가 되어야 하지? 겨우 오두미五斗米를 위해 허리를 굽

혀야 하다니, 농촌으로 돌아가 밭을 일구는 것이 더 좋겠다!"[12]

도연명은 세속에 관심이 없던 전형적인 시인이었다. 그는 뛰어난 재능과 인간 내면의 문제에 관심을 갖고 있었지만, 어쩔 수 없이 허리를 굽히고 관리가 되었으며 그에 따른 약간의 경제적 보상을 받았다. 도연명 같은 인물이 집에서의 안락한 삶을 마다하고 어떻게 이런 지위를 받아들였을까? 사실, 만약 그가 관직을 떠나는 방식으로 관직에 대한 경멸을 드러냈다면, 그는 아마도 '외팔이'[13]가 되었을 것이며, 따라서 이것은 그가 굴욕을 감수하고 관리가 되느냐

---

12. 唐·房玄齡等, 『晋书·陶潜传』: "吾不能为五斗米折腰,拳拳事乡里小人邪!"(보잘 것 없는 급여를 받기 위해 이런 자들에게 허리를 숙여야 하다니!) 도연명(352 또는 356~427)은 동진(東晋) 후기의 문학가. 조부 때부터 동진의 개국공신으로 고위 관리를 지냈다. 그런데 말기에 이르러 조정에 부패가 만연해졌다. 청빈한 도연명 역시 조정과 관리들의 부패를 견디다 몇 차례 스스로 관직을 떠났다. 친구의 권유로 405년 마지막 공직에 올랐으나 부패한 상급 관리가 감사를 명목으로 뇌물을 받으러 그가 재직하는 현에 온다는 소식을 듣고 위의 말을 남긴 채 다시 사직하고 고향으로 돌아갔다. 당시 동진의 급여는 매일 지급되는 일급(日給) 체계였고 오두미는 대략 현재의 10킬로그램에 해당한다.

15. 당(唐)나라 시인 백거이(白居易)의 연작시 『신악부』(新乐府) 50수 중 9번째 작품인 「신풍절비옹」(新丰折臂翁)에서 유래한 표현이다. 전쟁에 끌려가지 않기 위해 팔을 잘라야 했던 한 노인의 고사를 인용해, 도연명이 전쟁터에 끌려가지 않기 위해서라도 관직을 거부할 수 없었을 것이라고 페이샤오퉁은 주장하는 것이다.

아니면 '불구'가 되느냐의 선택의 문제였을 뿐이다. 관리가 되는 것은 예방주사를 맞는 것과 다소 유사하다. 사람들이 예방접종의 부정적인 위험을 무릅쓰고 예방주사를 맞는 것처럼, 관리가 되더라도 재산을 몰수당할 수 있으며 심지어 머리가 잘려 나갈 수도 있다. 그러나 일단 접종을 하고 나면 면역력이 생기게 된다. 예방접종이 어떤 사람에게 면역력을 갖게 해 준다는 사실과 한 사람이 관리가 되면 한 무리의 사람을 보호할 수 있다는 비유는 그다지 적절하지 않지만, 결과적으로 한 무리의 사람들이 일정한 기간 동안 어떤 한 사람을 교육시켜 그 사람이 관직에 오를 수 있도록 돕는 현상이 발생했다. "한 사람이 성공하면 주변 사람들도 덕을 본다."[16]는 중국의 격언은 이런 상황을 매우 적절하게 표현해 주고 있다.

중국 전통사회에서는 한 가족 또는 친족 집단이 자연스럽게 하나의 집단을 형성해 자신의 구성원 중 한 사람이 학자가 되어 과거시험에 응시할 수 있을 때까지 지원하고, 언젠가 그가 관직에 오르면 모든 가족이 그에게 의지했다. 조정朝廷에 강력한 권력을 가진 사람이 없다면 자신의 부를

---

16. 汉·王充, 『衡·道虚』: "一人得道, 鸡犬升天." 원래는 '한 사람이 득도해 신선이 되면, 그 집의 닭과 개도 주인을 따라 승천하다'는 의미이다.

보호하기 어렵기 때문이다. 명나라의 관리였던 고염무[15]는 만주족의 청淸나라가 들어서자 관리로 남아 일하기를 단념하고 집 대문을 걸어 잠근 채 외부와의 관계를 단절하고 독서로 일관했다. 그러나 그는 자신을 보호하기 위해 어쩔 수 없이 두 조카들이 자기 민족의 적인 청나라를 위해 일하도록 했다. 이미 언급한 것처럼 중국 관리들은 황제의 정치권력을 나눠가질 수는 없지만, 황제의 권력에 대한 강력한 지지보다는 그의 권력을 중화 또는 약화하는 방식으로 행동했다. 조정에 있는 두 조카의 보호를 받으면서 고염무는 심지어 청조淸朝에 반대하는 비밀스러운 활동에도 참여할 수 있었다. 중국의 관례에 따르면 관리들은 진정으로 조정을 위해 일하지 않았으며 오랜 기간 관리직에 있는 것도 원하지 않았다. 그들의 목적은 조정에 들어가 자신에 대한 면책특권과 부를 획득하는 것이었다. 중국의 관리들은 자신이 현직에 있는 동안 자신의 친척들을 보호하지만, 가정에 대한 자신의 책임을 완성한 후에는 곧바로 관직에서 물

---

17. 고염무(顧炎武, 1613~1682) : 황종희(黄宗羲), 왕부지(王夫之) 등과 함께 명말청초의 3대 유학자로 추앙받은 인물이다. 『일지록』(日知录), 『천하군국이병서』(天下郡国利病书), 『고음표』(古音表), 『당운정』(唐韵正), 『금석문자기』(金石文字记), 『정림시문집』(亭林诗文集) 등의 작품을 남겼다.

러났다. 퇴직 또는 더 나아가 은둔생활을 하는 것이 그들의 이상이었다. 은퇴 후에는 더 눈치 볼 권력자도 없을 뿐 아니라 자신이 관직에 있을 때 보호했던 친척들로부터 후한 대접을 받았다. 이제 그에게 필요한 것은 오로지 통통하게 살이 쪄서 안락한 삶을 즐기면서 자신의 사회적 특권을 누리는 것이다. 중국인들이 말하는 '금의환향, 즉 퇴직 후 고향에 돌아와 아름다운 예복을 걸치고 존경받는 생활'은 인생에서 가장 즐거운 일이다. 이들은 권력에 대한 욕심이 없으며 그의 자녀들도 황제가 되려고 모험하지 않는다. 이런 체제가 그에게 전혀 해롭지 않기 때문에 그는 사회를 변화시키려는 생각도 전혀 없다. 일단 관직에서 물러나면 그는 지주로서 경제적 권력을 향유할 수 있다.

이런 부류의 사람들이 바로 내가 말하는 '신사'다. 신사는 은퇴한 관리 또는 관리의 친척 또는 간단한 교육을 받은 지주다. 어떤 상황에서도 그들은 정책 결정에 영향을 미치는 진정한 정치적 권력을 갖고 있지 않을 뿐 아니라 어떤 시기에도 정치와 직접적인 관련을 맺지 않지만, 그들은 조정에 영향을 미치려고 시도하고 또 정치적 탄압으로부터 보호받으려고 한다. 통치자가 무섭고 포악할수록 자신을 보호할 수 있는 신사의 가치는 더욱 높아진다. 이런 환경

속에서 한 개인이 어떤 대가족의 보호에서 벗어나 독립적으로 생존해 나가기란 쉽지 않다.

2장

◇◇◇◇◇◇◇◇◇◇

학자, 관리가 되다

1장에서는 정치구조 안에서 신사의 지위에 대한 분석을 시도했다. 기원전 3세기에 중앙집권적 정치권력이 수립된 이후 신사는 하나의 계급으로서 정치권력을 장악하려고 시도한 적이 결코 없었다. 이것은 그들이 관직에 있었지만 정책 결정 과정에서는 어떤 결정적인 힘도 갖고 있지 못했다는 것을 의미한다. 봉건체제에서는 귀족계급이 통치권을 갖고 있었고, 군주제에서는 황제가 통치권을 갖고 있었다. 따라서 나는 다음과 같은 문제를 제기하고자 한다. 왜 중국에서는 귀족계급이 부활하지 못했을까? 또는 자산資産계급인 중간계층이 권력을 장악한 시기가 왜 존재하지 않았을까? 이 문제에 답하기 위해서는 신사계급의 정치의식과 자신의 지위에 대해 그들 스스로 어떤 입장을 갖고 있었는지를 살펴봐야 한다. 왜 그들은 권력을 쟁취하기 위해 황제와 투쟁하지 않았는가? 왜 중국에서는 영국의 대헌장과 같은 운동이 발생하지 않았는가? 경제 체제에서의 지주계급이 중국의 사회구조에서의 신사계급인데, 왜 그들은 정치 문제에서 이렇게 중립적이고 소극적인 행동을 취했을까? 이 장에서 나는 '자신의 정치적 지위에 대해 신사계급은 어떤 입장을 갖고 있었는가?'라는 문제에 특별히 집중하려고 한다. 확실히 그들의 어떤 (정치적) 행위는 자신의 계급이 가진 어떤 정치적 입장이나 태도 때문이 아니라 오히려 당시의 정치구조가 신사계급이 그렇게 행동하도록 강요한 결과라고 말하는 것이 옳을 것이다. 그렇지만 다른 한편 이러한 정치체제에 대한 신사계급의 묵인이 그것을 강화했다고도 말할 수 있다.

모든 사회구조는 일정한 이념체계를 갖고 있으며 그것은 행위규범을 제정하고 또 이를 통해 그 사회구조를 지탱한다. 내가 이 장에서 논하려고 하는 것은 '전제 군주가 국가의 모든 권력을 통제하고 있는 상황에서, 이 권력에 대해 신사계급이 취하는 태도'이다.

신사계급 내부에서 전승된 정치철학 가운데 중요한 개념이 하나 있다. 그것은 바로 사람들이 '도통'道統[1]이라고 부르는 것이다. 이 개념은 전제군주의 권력이 공고해지기 전에 형성됐는데 아마도 군주의 권력을 강화하기 위해 이런 개념이 필요했을 것이다. 나는 봉건제의 붕괴가 진행되고 있었으나 군주의 권력이 아직 공고해지지 않았던 시기를

---

1. 도통(道統)은 유가 사상의 계보에 대한 학설로, 맹자가 자신이 '요(堯), 순(舜), 주문왕(周文王) 및 공자'를 계승한 적통자라고 주장하면서 사용되기 시작한 것으로 보인다. 남송의 주희(朱熹)가 도(道)와 통(統)을 함께 사용해 도통이란 단어를 처음 사용했지만, 일반적으로 당(唐)의 유학자 한유(韓愈)를 도통설의 창시자로 평가한다.

특별히 주목하고 있다.

　나는 이런 사회철학이 소수 학자들의 머릿속에서 나왔다기보다는, 반대로 대중이 받아들인 관점을 학자들이 명확하게 체계화했기 때문에 사회적으로 수용된 것이라고 생각한다. 학자들의 역할은 이런 관점을 확립하고 명쾌하게 해석해서 그 소중한 성과를 구체화하는 것이다. 봉건제에서 군주제로 전환하던 과도기에 공자와 그 제자들의 사상이 당시의 철학적 조류를 가장 잘 반영하고 있었다. 그러나 공자학파는 이 시기 수많은 학파 중의 하나였을 뿐이며, 공자의 학설이 인기를 얻고 사회적으로 지배적인 지위에 오르게 된 것은 군주제가 확고하게 자리 잡은 후였다. 나는 바로 이 점이 공자학파의 이념이 중국의 군주제에 가장 적합한 사상이었다는 점을 보여 주는 것이라고 생각한다.

　'도통' 개념은 일련의 사회적 현실 속에서 발전해 왔다. 그 가운데서도 중요한 요인 중의 하나는 사회의 중요한 한 계급이 자신의 정치적 권력을 상실했다는 점이다. 군주로의 권력 집중과 봉건체제의 분화에 발맞춰, 공자 사상의 해석과 그 세력의 규합을 토대로 한 공자학파는 분명히 이러한 사회적 변화에 부응하기 위해 진정성 있고 이해 가능한 변화과정을 거쳤다. 현재 우리가 알고 있는 공자의 사상에 관한 저작은 후대 학자들에 의해 수정된 것이다. 그러나 이 책에서 나는 기본적인 공자의 사상에서 출발해 후기까지의 발전과정을 추적해 가려고 한다. 공자가 중국 사회에 끼친 영향을 검토하면서 '도통' 개념이 공자 본인에게서 나왔느냐의 문제보다는 후대 학자들이 왜 이 개념에 공자의 이름을 붙이고 상술했는지를 검토하려고 한다.

내가 보기에 중국 전통사회에서 도통 관념의 발전은 새로운 유형의 인간, 즉 학자─지식인의 출현에서 비롯되었다. 이들은 정치권력에서는 배제되었지만, 사회적으로는 명망을 유지하고 있었다. 이들은 정치권력을 갖지 못했기 때문에, 중요한 정치적 문제들을 결정할 수 있는 힘은 없지만, 이런 문제들에 대해 자신의 견해를 발표하고, 또 문제의 처리에 대한 원칙을 규정하는 등의 방식으로 실질적인 영향력을 행사할 수 있었다. 이들은 자신의 이익을 위해 정치권력을 통제하려 한 것이 아니라 일련의 윤리적 원칙을 제시해 정치권력의 힘을 제한하려고 했다. 이들이 발전시킨 '도통' 체계는 신사계급에 의해 받아들여졌을 뿐 아니라 그들의 정치 활동의 규범이 되었으며, 최종적으로는 신사계급의 윤리체계와 그들의 경제적 이익을 보호하는 데 기여했다.

신사들은 윤리적 수단을 이용해 정치권력을 제압하려 했기 때문에, 공자의 학설을 앞세우면서 그를 '도'의 창시자 또는 '무관의 제왕'素王이라고 칭하기 시작했다. 공자의 정신적 후예들이 바로 우리가 유가儒家라고 부르는 사람들이다.

공자에 관한 전설의 형성은 윤리와 정치권력의 분리를 상징적으로 보여 주고 있다. 중국의 초기 신화에 등장하는 문화적 영웅들, 예를 들면 불을 발명한 수인燧人이나 농업을 전수한 신농神農, 그리고 요堯·순舜·우禹·탕湯 등 삼황오제三皇五帝의 통치를 거쳐, 주周나라 시기 봉건황제 문왕文王과 무왕武王 등으로 거슬러 올라가 보면, 윤리적 전통과 정치의 결합을 발견할 수 있다. 공자학파는 이런 고대의 규칙들을 옹호하고 또 이상으로 받아들이면서, 이러한 정확한 통치원칙을 이해하고 따르기 위해 노력했다. 위에서 언급한 주왕武王의 후계자, 즉 주공周公은 왕위 계승자의 숙부였지만, 섭정자로서 국가를 통치했다. 주공이 봉건체제 아래서 매우 높은 권위를 향유했을 뿐 아니라 실질적으로 황제의 역할을 수행했기 때문에 공자학파는 주공에게 상당한 중요성을 부여했다. 섭정이란 단어가 갖고 있는 원래 의미는 '황제가 통치권을 제대로 행사하기 어려운 시기에 도덕과 윤리를 이해하고 있는 사람이 황제직을 수행해야 한다."는 뜻을 내포하고 있다. 여기서부터 정치와 윤리의 경계가 분리되기 시작했다. 공자도 자신이 주공과 상통한 점이 있음을 인정했다. 그는 "내가 많이 늙었구나. 오랫동안 꿈속에서 주공을 뵙지 못했구나!"[2]라고 말했다. 주공에 관한 전설에서는 정치와 윤리의 경계에 대한 명확한 분리가 아직 나타나지 않았다. 그 이유는 왕의 숙부인 주공이 섭정왕의 칭호를 사용하면서 통치했기 때문이다. 그러나 후일 공자의 추종자들이 유능하고 뛰어난 후대의 인물들 중에서 주공을 공자 다음으로 평가하면서부터, 주공은 정치 노선과 윤리를 구분하는 시기의 출발점이 되었다.

공자학파의 주장에 의하면, 윤리와 정치 노선의 차별화는 무관의 제왕이자 귀족 가문의 후예인 공자를 시작으로 하여 좀 더 명확하게 확립되었다. 사실 공자는 몰락한 하층 관리의 후손으로 귀족 신분과는 상당한 거리가 있고, 이 점에서 왕족인 주공과는 비교할 수 없다. 공자는 친척의 지위를 이용해 정치권력을 얻을 자격이 없었다. 그러나 공자에 관한 신화는 봉건제 구조 속에서 그의 권위의 원천을 찾으려고 집요하게 시도하고 있다. 『사기』史記에 의하

---

2. 『论语·述而五』: "甚矣, 吾衰也. 久矣, 吾不复梦见周公."

면, 공자의 출신 내력에 관해서는 많은 의문이 있다. 소문에 의하면 공자는 서자庶子 출신으로, 그의 모친은 아들에게 부친의 묘지墓地 위치를 알려 주지 않았다. 공자는 모친이 사망한 후에야 다른 사람으로부터 겨우 부친이 묻힌 곳을 알게 되어 모친을 부친 옆에 묻을 수 있었다. 『사기』에는 다음과 같은 사실도 기록되어 있다. 계季라는 노魯나라의 귀족이 연회를 열고 선비들을 초대할 때 공자도 이 연회에 참가하려 했지만 거절당했다. 당시 양호陽虎라는 탐관貪官은 "어르신季氏께서 선비士들을 초대했지만, 당신(공자)은 초대하지 않다."3라고 말하면서 공자의 연회장 진입을 가로막았다고 한다. 선비가 봉건체제에서 가장 하층계급임에도 불구하고 공자가 초대받지 못했다는 사실에서 우리는 공자의 선비의 지위에 대해 의문을 제기할 수 있다. 그러나 이런 주장은 공자의 위상을 깎아내리지 못한다. 후일 같은 책(『사기』)에서 보충한 것처럼, 공자는 그의 모친이 산에서 기도를 드린 후 태어났는데 이것은 공자는 하늘이 보낸 사람이며 평범한 사람이 낳은 것이 아니라는 사실을 함축적으로 설명해 주고 있다.

---

3. 『史記·孔子世家』: "季氏飨士, 非敢飨子也."

공자로 대표되는 윤리적 권위를 지닌 신성한 권력자들에게 공자의 출생에 대한 모든 신화는 사실 그다지 중요하지 않다. 따라서 이 신화에서 설명하고자 하는 사실은 공자의 권위가 어떤 봉건 영주와의 혈통 관계를 통해 획득한 것이 아니라 하늘로부터 위임받은 것이라는 바로 그 이유 때문에 공자의 정신적 권위가 현실 세계의 황제처럼 높다는 점이다. 공자에서 출발해 '도통'을 추종한 일련의 중요하고 권위 있는 인물들은 현실 세계에서 정치적 힘은 부족했지만, 사회적으로 이들의 역할은 현실 세계의 군주만큼 중요했다. 이들은 윤리적·사회적 영향력을 발휘해 인민에게 영향력을 행사했다.

윤리권력과 정치권력의 분리는 공자 철학의 기본 사상 중의 하나일 뿐 아니라 중국 권력 구조의 중요한 요인이다. 이 점은 서구 사회에서의 교회와 국가의 분리와 비교할 수 있지만, 그렇다고 서구의 그것과 완전히 같은 것은 아니다. 예수는 "카이사르의 것은 카이사르에게"[4]라고 말하면서 이론적으로는 권력의 이중성에 대해 인정했다. 제사장들과 서기관들이 예수에게 "당신이 무슨 권위로 이런 일을 행하

---

4. 『신약성서』, 마태복음, 22:21.

느냐?"라고 질문하자, 예수는 "요한의 세례가 하늘로부터냐 사람으로부터냐?"라고 되물었다. 그들이 대답하지 못하고 머뭇거리자 예수는 "나도 무슨 권위로 이런 일을 하는지 너희에게 이르지 아니하리라."[5]고 답했다.

우리는 예수의 발언에서 기독교 논리 안에 '세속'世俗과 '신성'神聖 권력이라는 두 종류의 권력이 존재하고 있음을 확인할 수 있다. 그러나 이 두 종류의 권력은 동일한 수준의 것이 아니다. 좀 더 명확하게 말하자면 한 권력이 다른 한 권력에 예속된 것이다. 이 때문에 중세 유럽에서는 세속 권력이 신권에, 군주의 권력이 종교 권력에 복종했다. 후일 이 두 종류의 권력이 교회와 국가로 분리되기 시작하면서 시민들의 권리가 인정받기 시작했다. 서구 정치사상에서 권력은 하늘이 아니라 오직 인민, 즉 '보통 사람'으로부터 나온 것이었기 때문에 받아들여졌다. 오랫동안 군주는 오직 자신이 신에 의해 선택되었다는 이유만으로 권력을 획득했기 때문에 인민의 의지를 무시할 수 있었다. 그러나 군주와 교회의 권력이 분립되면서, 군주는 자신의 권력이 세속적이고 자연적인 것이며 인민도 자신의 주장을 할 수 있고

---

5. 같은 책, 마태복음 21:23~27.

정치적 힘도 갖고 있다는 점을 인정해야 했다. 내가 보기에 서구 정치체계에서는 권력이 완전하게 독립적이었거나 스스로 자신의 권력의 원천을 입증했던 적이 결코 없으며, 항상 신 또는 인민을 기반으로 해서만 존립할 수 있었다. 그러나 중국에서의 상황은 조금 다르다.

중국의 경우, 공자 역시 권력의 이중성에 대해서는 인정했지만, 그에게 이 두 종류의 체계는 같은 질서에 속한 것이 아니었다. 하나의 체계가 반드시 다른 하나의 체계에 복속되는 것이 아니라, 그 둘은 서로 수평적인 체계였다. 중국에서 어떤 정치권력은 카이사르의 그것과 비슷하지만, 이런 유형의 권력을 서양의 그것과 비교해보면 좀 다른 점을 발견할 수 있다. 그것은 바로 중국의 권력은 신에게서 나온 것이 아니라는 점이다. 일부 학자들은 공자의 학설이 일종의 종교적 체계이긴 하지만, 그렇다고 초자연적인 힘을 인정하는 것은 아니라고 인식하고 있다. 물론 이 점이 서양의 종교와 구별할 수 있는 유일한 형식은 아니다. 공자의 이론이 서양의 종교와 또 하나 다른 점은 이론과 행동의 관계에 있다. 기독교는 자신의 종교적 권력을 사용해 같은 정치 영역에 속한 인간의 모든 문제를 통제했다. 그리고 이러한 정치권력과 종교 권력이 충돌한 결과, 하나의 권력이 다른 하나의 권력에 복종하게 된 것이다. 그러나 공자의 도통이 채택한 방식은 잘못된 황제의 권력 행사에 저항하고 개선하기 위해 직접 행동하는 것이 아니라 바람직한 황제(또는 신민)의 기준이나 규범을 제정하는 방식이었다. 물론 군주가 이러한 기준 또는 규범을 따를 것인가는 별개의 문제이다. 다른 한편으로 우리가 정말로 좋은 통치자의 기준을 정할 수 있는지에 대해서도 의심해 볼 필요가 있다. 예수는 선善에 대해 아주 명확한 입장을 취하며 사람들에게 선한 일을 행하라고 요구했다. 그러나 공자의 학설은 이것을 두 가지, 즉 선이 어떤 것인지 이해하는 것과 그 선을 행하는 것으로 구분했다. 따라서 사람들은 선이 무엇인지 깨달았지만, 반드시 그것을 의무적으로 실천해야 할 필요는 없었다. 사실 공자 자신도 자신의 사회적 지위를 유지하기 위해서 자신이 주장한 그런 사회적 실천을 할 수 없었다. 따라서 우리는 '지식'知을 갖춘 학자와 그 지식을 '실천'行하는 군주의 범주가 서로 다름을 구별해야 한다. 다음의 대화는 공자학파의 심리학적인 부분을 설명해 주고 있다. 공자가 제자 안회顏回에게 "안회야! 시경에 '코뿔소도 호랑이도 아닌데, 광야에서 방황하고 있다.'라는 표현이 있는데, 내 '도[사상]'가 틀렸기 때문인가? 왜 내가 이 지경에 이르렀는가?"라고 질문하자, 안회는 "선생님의 사상이 너무 위대해서 천하가 받아들이지 못한 것입니다. 그렇기 때문에 선생님은 단지 선생님의 도를 실행하시면 됩니다. 천하가 그것을 수용하지 못한다 한들 무슨 관계가 있겠습니까? 오히려 천하가 선생님의 도를 수용하지 못하기 때문에 선생님의 진면목이 더 드러날 것입니다. 선생님의 사상을 실천하지 못하는 것은 저의 잘못이지만, 선생님의 사상이 대대적으로 실현되고 있는데 천하를 위해 사용되고 있지 않다면, 그것은 군주들의 치욕일 따름입니다."라고 대답했다. 그러자 공자는 웃으면서 "안 씨 집안의 후손이 대단하구나! 만약 네가 큰 돈을 번다면, 내가 너의 비서가 되겠다!"[6]라고 말했다.

공자와 안회의 이 대화는, 도가 속세의 일과 분리되어 있기 때문에 흉악한 짐승 같은 무리가 판치는 혼란스러운 상황에서도 학자는 속세의 일에 관여하지 않고 도를 닦을 수 있다고 설명해 주고 있다. 도는 세속에서 발생하는 사건들과 분리되어 있다. 따라서 속세에서 실제로 발생하는 사

---

6. 『孔子家語·在厄第二十』: "回, 诗云'匪兕匪虎, 率彼旷野', 吾道非耶? 吾何为穷此 夫子之道大, 故天下莫能容. 虽然, 夫子推而行之, 不容何病, 不容然后见君子! 夫道之不修也, 是吾丑也. 夫道既已大修, 而不用是有国者之丑也. 有是哉, 颜氏之子! 使尔多财, 吾为尔宰."

건들에 전혀 관여하지 않아도 된다는 주장이다. 도가 유용한 것이 되고 또 실천할 수 있도록 하는 것은 평범한 사람, 다시 말해 정치권력을 가진 사람의 책임이 아니다. 정치권력을 가진 사람은 도의 정신에 따라 권력을 행사할 수 있으며, 반대로 완전히 그것을 방치할 수도 있다. 정치권력을 갖지 않은 사람들이 도를 수용하고 '추진'推而行之할 수는 있지만, 궁극적으로 도는 국가를 통제하는 사람에 의해서만 실현될 수 있다. 그러나 정치권력을 갖지 않은 사람들이 통치자의 지위를 찬탈하려고 하지는 않는다. 따라서 공자가 여기서 언급한 추진이란 단지 '설득'을 의미할 뿐이다. 공자는 결코 기독교가 설정한 권력자가 되려고 시도하지 않았다. 그 결과 고대 중국에서 정치 노선은 적극적인 것이, 윤리 노선은 소극적인 것이 되었다.

이렇게 윤리 노선을 따르는 사람들을 옛날에는 "정권에 등용되면 관리가 되어 일하고, 임용되지 않으면 속세에서 모습을 감춘다."7라고 표현했다. 윤리를 활용하고 실천하는 것은 권력자들의 몫이지만, 윤리를 제정하거나 감추는 것은 도를 장악한 사람들의 몫이다. 이런 구조에 따라 일을

---

7. 『论语·述而』: "用之则行, 舍之则藏, 唯我与尔有是夫."

진행하면 양자 사이에 충돌이 발생하지 않는다. 규범을 수호하려는 사람들의 관점에서 보면, 현실 정치과정에서 어떤 시기는 이런 규범에 부합하지만, 어떤 시기는 부합하지 않는다. 어떤 나라들이 도를 지키고 어떤 나라들이 도를 지키지 않는가를 사람들은 구별할 수 있다. 요순은 도의 규범에 따라 나라를 통치한 사람들에 속하고, 걸桀[하夏나라의 마지막 임금]과 주紂[상商나라의 마지막 임금]는 그렇지 않은 경우에 속한다. 따라서 군주의 권력 행사가 도를 벗어났을 때, 도의 의미를 이해하면서 이에 대한 지식을 갖추고 있는 사람들은 당연히 도를 옹호하고 그것이 훼손되지 않도록 노력해야 했다. 이들은 열심히 노력하고 자신을 수양해서 규범이 완전히 소멸하지 않도록 노력했다. 그러나 이들은 어떤 대안을 제시해 군주의 (잘못된 또는 규범을 벗어난) 행위를 개선하려는 노력은 하지 않았다.

이에 대한 공자의 관점은 다음과 같다. "군주가 질문을 던질 때, 도를 이해하고 있는 사람들은 당연히 자신의 관점을 잘 설명할 수 있도록 준비하고 있어야 하며, 이때 숨어버리면 안 된다. 그뿐만 아니라 학자들은 어려운 시기에도 도를 저버려서는 안 되며, 군주의 행위가 도에 근접했을 때만 속세로 돌아와 관리가 되어야 한다." "확고한 신념으로 학문에 매진해서 죽을 각오로 나라를 잘 다스리고 인민을 위한 대도*大道*를 지켜야 한다. 정국이 혼란스러운 나라에는 들어가지 말고, 소란하고 어지러운 나라에는 거주하지 말라! 나라가 안정되어 있으면 속세에 나와 관리를 하고, 나라가 어지러우면 속세를 떠나 은거하라! 나라가 안정되어 있는데 내가 가난하면 부끄러워해야 하고, 반대로 나라가 어지러운데 내가 부유하고 권세가 있으면 역시 부끄러워해야 한다!"[8] "거백옥이야 말로 진정한 군자로다! 그는 나라가 평안할 때 속세에 나와 관리가 되고, 나라가 어지러울 때는 속세를 떠나 은거하였구나!"[9]라고 공자는 말했다.

따라서 진정한 문제는 정치권력과 윤리권력의 통합이다. 공자학파의 이상은 정치와 윤리가 통합된 왕도*王道*이다. 그렇다면 어떻게 이런 이상을 실현할 수 있을까? 이 지점에서 공자의 사상이 서로 충돌한다. 그는 봉건제 아래서 성장했으며 안정된 봉건적 사회질서를 존중했는데, 이 사회는 잘 수립된 전통적 질서에 의해 안정적으로 통치되던 사회였다. 그러나 이런 봉건적 전통은 정치 노선과 친족 간의

---

8. 『论语·泰伯』:"笃信好学, 守死善道. 危邦不入, 乱邦不居. 天下有道则见, 无道则隐. 邦有道, 贫且贱焉, 耻也;邦无道, 富且贵, 耻也."
9. 『论语·卫灵公』:"君子哉蘧伯玉!邦有道则仕;无道则可卷而怀之."

관계를 타파하는 것을 방해했으며, 정체된 이상은 그가 사회변화에 대해 부정적인 견해를 갖게 했다. 이것이 공자의 태도 중 주의를 기울여야 할 첫 번째 지점이다. 그는 기존의 정치체제를 긍정하면서 이 체제가 변화하지 않기를 원했다. 그러나 공자는 이러한 체제의 변화가 실제로 진행되고 있던 시기에 살았으며, 당시의 권력자들은 자신들을 더 통제하기 위해 확립된 규범에 따라 행동하지 않았다. 이러한 어려움에 직면한 공자는 규범을 실질적인 행동과 분리해 그것을 상시로 존재하는 이상으로 만들어 버렸다. 이 점에서 그는 매우 완고하면서도 단호했다.

제자인 자공[10]이 공자에게 "선생님의 사상이 너무 깊고 심오해서 세상이 선생님의 사상을 수용하지 못하는데, 왜 선생님은 기준을 좀 더 낮추지 않으십니까?"라고 말하자, 공자는 웃으면서 "사賜(자공의 본명)야, 좋은 농부가 농사를 잘 지을 수는 있지만 많은 수확을 보장할 수 없고, 뛰어난 기술을 가진 장인이라도 모든 사람의 요구를 만족시킬 수는 없다. 군자가 아무리 자신의 사상을 명쾌하게 밝히고 좋은 규범을 세워 나라를 다스린다고 하더라도 그것이 사

---

10. 자공(子贡)은 춘추시대 말기 위(卫)나라 출신으로, 공자의 10대 제자 중 한 명이다.

람들에 의해 받아들여질지는 알 수 없느니라. 그런데 너는 자신의 사상을 더 수련하기보다는 사람들에게 인정받으려고만 하니, 네 포부가 너무 작구나!"[11]라고 대답했다.

그렇지만 이런 상황에서도 규칙准则이 여전히 현실과 아주 밀접하게 연결되어 있었다고 판단하고 있다. 규칙의 실현은 대체로 당시의 기회(상황)에 의존하기 때문에, 이런 점에서 한편으로 어떤 사람은 인내심을 갖고 기다리거나, 다른 한편으로 어떤 사람은 은거隐居생활을 하면서 다른 사람이 자신을 불러주기를 기다리는 것이다. 그러나 공자는 이런 '기회'에 대해 다음과 같이 표현했다. "아름다운 옥玉이 하나 있는데, 그것을 상자 속에 넣어 보관하는 것이 좋겠습니까? 아니면 가치를 아는 상인에게 파는 것이 좋겠습니까?"라고 자공이 묻자, "팔아야지! 팔아야지! 나도 내 가치를 알아줄 사람을 기다리고 있네."[12]라고 공자는 대답했다.

공자는 수많은 제후국을 돌아다니면서 70여 명의 영주领主를 위해 일했다. 다음의 고사는 논제를 좀 더 뚜렷하게

---

11. 『史记·孔子世家』: "夫子的道至大, 所以天下不能容, 夫子盖少贬焉?, 赐, 良农能稼而不能为穑, 良工能巧而不能为顺. 君子能修其道, 纲而纪之, 统而理之, 而不能为容. 今尔不修尔道而求为容. 赐, 而志不远矣."
12. 『论语·子罕』: "有美玉于斯,韫椟而藏诸?求善贾而沽诸?" 子曰: "沽之哉! 沽之哉!我待贾者也."

부각해 주고 있다. 공자가 50세가 되었을 때, 공산불유[13]가 비성費邑[14]에서 계환자[15]에 대항해 반란을 일으켰다. 그가 공자에게 황급히 사람을 보내 만나자고 요청하자, 공자는 "주나라의 문왕과 무왕이 조그마한 풍丰과 호鎬[16]에서 시작해 천하를 호령하게 되었으니, 현재 비성이 작지만 크게 번성할 가능성이 있지 않겠는가!"라고 말하며 계환자의 부름에 응할 기미를 보였다. 그러자 제자인 자로가 불만을 표시하면서 공자를 제지하려 했다. 공자는 "그가 나를 원하는 것이 어찌 빈말이겠는가? 만약 누군가 나를 기용한다면, 나는 기꺼이 가서 동방의 주나라를 건설하고 싶다!"라고 말했지만, 결국에는 요청에 응하지 않았다.[17] 공자는 다른 사람이 자신을 중용하려고 한다면, 마땅히 가서 좋은

---

13. 공산불유(公山不狃)는 춘추시대 노(魯)나라 계환자의 가신이다.
14. 현 산둥성 지닝현 위타이현 서남비정.
15. 계환자(季桓子)는 춘추시대 노나라의 대부다.
16. 풍경(丰京)과 호경(鎬京)은 주(周)나라의 수도로 산시성 시안시 창안구에 위치한다. 중국의 고대 도시 중 최초로 수도를 뜻하는 경(京)자가 사용된 도시이며, 풍경에는 종묘와 왕실의 화원이, 호경에는 왕실의 숙소와 통치 장소가 설치되었다. 현대 중국어 발음으로는 각각 펑징과 하오징이다.
17. 『史记·孔子世家』: "公山不狃以费畔季氏, 使人召孔子. 孔子循道弥久, 温温无所试, 莫能己用, 曰: "盖周文武起丰镐而王, 今费虽小, 傥庶几乎!"欲往. 子路不说, 止孔子. 孔子曰: "夫召我者岂徒哉? 如用我, 其为东周乎!"然亦卒不行."

일을 해야 한다고 생각했다. 공자가 56세 되던 해에 노나라의 승상丞相직을 잠시 대리하게 되어 기뻐하자,[18] 한 제자가 그에게 "군자는 재앙을 두려워하지 않고, 기쁜 일에도 즐거워하지 않는다고 들었습니다."라고 말했다. 공자는 "그런 말이 있지만, 그것은 고귀한 신분의 사람이 겸손한 태도로 사람을 대하는 것을 즐거움으로 삼는다는 뜻이 아니더냐!"[19]라고 말했다. 그는 겨우 3개월 동안 승상직을 대신했는데, 재직하는 동안 자신에 반대하던 노나라 대부 한 명을 사형에 처했다. 일설에 의하면, 그가 대리 승상으로 재직하던 에는 시장에서 사람들이 서로 속이는 일, 남녀가 함께 거리를 활보하는 일, 다른 사람의 물건을 훔치는 일, 사람들이 서로 고소하는 행위 등이 사라졌다고 한다.

공자는 인내심을 가지고 기회를 기다렸지만, 그가 정계에 진출할 수 있는 실질적인 기회는 거의 찾아오지 않았다.

---

18. 춘추시대 주왕실을 비롯한 모든 제후국의 최고 관직인 공과 경은 왕이나 제후와 혈연관계에 있는 관료가 담당했고, 특히 주나라의 예법을 엄격히 고수하던 노나라였기 때문에 희(姬) 씨 성이 아닌 공자가 최고 직책인 경의 직무를 대신하는 것은 불가능했다. 그래서 공자는 예절을 담당하는 장관의 대리직을 수행했다.

19. 『史记·孔子世家』: "定公十四年, 孔子年五十六, 由大司寇行摄相事, 有喜色. 门人曰 : '闻君子祸至不惧, 福至不喜.' 孔子曰 : '有是言也. 不曰'乐其以贵下人'乎?' "

설령 그가 기회를 잡았더라도 윤리와 정치를 결합한 자신의 도를 계속해서 실천할 수 있다는 보장이 없었다. 결국 공자는 노나라를 떠나면서 "내가 자유를 얻었으니 여생을 즐겁게 보낼 수 있겠구나!"[20]라고 외쳤다. 때때로 자신이 실패했다는 생각이 들 때 공자는 "도를 천하에 널리 전파하지 못했으니 뗏목이나 타고 떠돌아다녀야겠다!"[21]라고 말했다. 사실상 그가 생전에 이룬 것은 전무하다. 만약 그가 원한 것처럼 3년 정도만 더 재직했다면 그가 기대한 것 중에서 몇 가지 대업을 이룰 수 있었을 것이라고 상상해 볼 수도 있다. 그러나 만약 그가 공직에 있었더라면, 두명독竇鳴犢[춘추시대 진晉국의 대부]이나 순화舜華[춘추시대 진국의 대부]가 후일 자신의 영주에게 살해당한 것과 같은 운명을 맞이했을 수도 있다. 이 소식을 접할 당시 그는 황하 변에 있었는데, 황하를 바라보면서 "아름다운 황하의 물이 도도하게 흐르는구나! 내가 황하를 건너지 못하는 것이 나의 숙명이로구나!"[22]라고 탄식했다.

---

20. 「去鲁歌」, 같은 책 : "彼妇之口, 可以出走 ; 彼妇之谒, 可以死败. 盖优哉游哉, 维以卒岁!"
21. 『论语·公冶长』 : "道不行, 乘桴浮于海."
22. 『史记·孔子世家』 : "美哉水, 洋洋乎! 丘之不济此, 命也夫!"

자공이 다가와 무슨 일인지 묻자 "두명독과 순화는 진나라의 유능한 대부들이었다. 조간자[23]는 권좌에 오르기 전 이 두 사람에 의지해 정치에 뛰어들었는데, 자신이 권좌에 오르자 두 사람을 살해했다."고 말했다. 공자는 이 사실을 접한 후 "사람의 배를 갈라 태아를 꺼내거나 젊은이를 죽이면 기린麒麟이 교외에 나타나지 않고, 연못의 물을 모두 퍼내고 물고기를 잡는다면 용이 음양의 조화를 이루지 못하며, 새의 둥지를 훼손하고 새알을 깨부순다면 봉황이 날아오지 않는다. 왜 그런가? 군자는 같은 무리同类를 해치는 것을 피해야 한다. 짐승도 불의한 행동을 피하는데, 하물며 내가 그 같은 짓을 해서야 되겠는가?"[24]라고 대답했다.

이런 말들은 공자가 자신의 도를 현실 정치에서 실제로 적용하는 것이 매우 어렵다는 점을 인식하고 있었음을 보여 주고 있다. 나는 다시 『사기』에서 한 고사를 인용하고자 한다. 노나라의 한 귀족이 사냥을 하던 중 기이한 동물을

---

23. 조간자(趙簡子, 본명은 조앙[趙鞅], 미상~기원전 476)는 춘추전국시대 진나라의 대부로 많은 개혁적인 정책을 펼쳤으며 후일 상앙의 변법에도 영향을 미쳤다.
24. 『史记·孔子世家』: "刳胎杀夭则麒麟不至郊, 竭泽涸渔则蛟龙不合阴阳, 覆巢毁卵则凤皇不翔. 何则? 君子讳伤其类也. 夫鸟兽之于不义也尚知辟之, 而况乎丘哉!"

하나 생포했다. 공자는 그 동물이 기린이라고 주장하면서, "도를 실행해 세상을 구하고 싶었는데 더 이상 희망이 없구나. 이 세상의 누구도 나를 이해하지 못하는구나!"[25]라고 말했다.

그러자 자공이 "왜 선생님을 이해할 수 있는 사람이 없다고 말씀하십니까?"라고 묻자, 공자는 "하늘도 사람도 원망하지 않는다. 나는 단지 최선을 다해 인간세계의 학문과 천명을 깨달았지만, 오직 하늘만이 나를 이해하는구나! 자신의 이상을 지키면서 품위를 잃지 않은 사람은 백이와 숙제구나!"[26]라고 말했다. 그는 다시 "유하혜[27]와 소련少連은 자신의 이상도 굽히고 품위도 잃었다. 우중虞仲과 이일夷逸은 세상을 떠나 은거한 후 세속에 관해 언급하지 않았고, 자신을 청렴하게 갈고닦으면서 권력의 변화에 관

---

25. 같은 책: "吾道窮矣, 莫知我夫."
26. 백이(伯夷)와 숙제(叔齊)는 상(商)나라 말기 고죽국(孤竹国, 현재의 탕산 [唐山] 지역에 위치) 왕의 두 아들이다. 아버지가 세상을 떠나자 형인 백이 는 아우인 숙제에게 왕위를 계승토록 권했지만 숙제가 이를 수락하지 않 고 다시 백이에게 양보했다. 결국 둘 다 주나라로 피신해 살다가 주 무왕이 고죽국을 정복하자 무왕의 호의를 거절한 채 수양산(首阳山)에 들어가 잡 초로 생명을 유지하다 아사했다. 『论语 · 微子』: "不怨天, 不尤人, 下学而上 达, 知我者其天乎!不降其志, 不辱其身, 伯夷叔齐乎?"
27. 유하혜(柳下惠)는 춘추시대 노나라의 사상가, 정치가다.

심을 두지 않았다. 그러나 나는 그들과 달리 할 수 있는 것도 할 수 없는 것도 없구나!"라고 말하고, 다시 "군자는 세상을 떠날 때 자신의 명성에 부합한 일을 하지 못한 점을 가장 두려워해야 한다. 내 사상을 실천할 수 없는데, 어떻게 후세에게 내 사상의 옳고 그름을 이해시킬 수 있겠는가?"[28]라고 말했다. 그 후 공자는 역사적인 자료들을 선별해『춘추』春秋를 편집했다.

『춘추』는 중국 정치의 전범으로 평가되는 책이다. 이 책은 좋은 정부의 규범을 제시하지만, 이 규범을 어떻게 실현할 것인지에 대한 실질적인 제안은 전혀 제시하지 않았다. 사람들은 이 책에서 '도'를 배울 수 있는데, '도'는 현실 정치와 대등하지만 동등한 것은 아니다. 후세에 공자에게 소왕, 즉 무관의 제왕이라는 호칭이 부여되었는데 이 호칭은 어떤 정치적 지위도 갖지 않은 군주라는 의미로, 중국의 특수한 개념 중에서도 매우 뚜렷한 개념이다.

만약 윤리적 권위가 정치적 권위를 제어하지 못한다면, 정부가 '도'의 이념에 따라 권력을 행사하지 않는다고 학자

---

28. 같은 책:"柳下惠, 少連, 降志辱身矣. 虞仲, 夷逸, 隱居放言, 身中淸, 廢中權. 我則異于是, 无可无不可;君子病没世而名不称焉, 吾道不行矣, 吾何以自見于后世哉?"

들이 아무리 반복해서 비판하더라도 현실 정치과정에서 황제나 정치권력을 장악한 사람들이 스스로를 부끄럽게 생각하지 않을 뿐 아니라 학자들을 무시할 것이다. 규범이 사라진 국가에서 학자들이 자신의 주장을 가슴에 품어두는 것 외에 인민에게 해 줄 수 있는 일이 무엇이겠는가? 학자들 역시 공자가 말한 것처럼, "(주문왕 사망 후 주나라의 예악 礼乐을 내가 모두 계승했는데) 하늘이 주나라의 예악을 없애려 하지 않는다면, 광匡인들이 감히 나를 어떻게 할 수 있겠는가?"라고 말할 수밖에 없을 것이다.[29] 그러나 공자는 "하늘이 주나라의 예악을 없애려 했다면, 나 역시 이것을 계승하지 못했을 것이다."[30]라고 말한 적이 있다. 황제의 권력이 모든 국토를 지배할 때 학자들이 어떻게 권력을 피해 숨을 수 있을 것인가? 학자들 역시 인간일 뿐 다른 세상에

---

29. 광(匡)은 현재의 허난성(河南省) 창위안현(长垣县) 서남쪽에 위치했던 소국으로 주 무왕이 상나라를 토벌할 때 함께 멸망했다. 공자는 각국을 주유하면서 수차례 위험한 상황에 직면하는데, 이 고사는 공자가 광 지역을 지날 때 주민들이 공자를 양호(阳虎, 춘추시대 노나라 계손(季孙)씨의 가신으로 경대부까지 오른 인물. 광인들을 탄압한 적이 있으며, 공자와는 앙숙 관계였던 인물)로 오인하고 공자 일행을 포위하면서 발생한 사건에 대한 언급이다.

30. 『论语·第九章子罕篇』:"子畏于匡, 曰:'文王既没, 文不在兹乎? 天之将丧斯文也, 后死者不得与于斯文也;天之未丧斯文也, 匡人其如予何?'"

2장 학자, 관리가 되다 **69**

서 온 사람이 아니기 때문에 죽음을 맞이할 수밖에 없을 것이다. 황제는 일부 서적이 자신을 비판한 내용을 담고 있다는 이유로 서적을 불태우고 또 일부 학자들을 산 채로 매장해 버렸다.[31] 짧은 기간 동안 황제의 권력이 윤리권력을 완전히 압도했다. 공자는 이 어려움을 해결하지 못했으며, 이것은 윤리권력과 정치권력이 각자 자신의 역할을 수행하면서 공생할 수 없다는 점을 말해 주고 있다. 학자들의 윤리권력이 아무리 정치권력과의 대립을 원하지 않더라도, 정치권력은 윤리권력과 충분히 투쟁할 수 있으며 종종 윤리권력을 탄압할 것이다. 이런 상황이 발생할 때, 학자들이 과연 무엇을 할 수 있을 것인가? 이 문제에 대처하는 적극적인 방식은, 서양인들이 그랬던 것처럼 이분법적인 방식으로 정치권력을 제압하여 사회가 받아들인 규범에 현실 정치가 복종하도록 하는 것이다. 그러나 이런 적극적인 방식은 봉건적 전통에 부합하지 않으며 우리는 중국 역사에서 이런 적극적인 저항을 거의 발견하지 못했다. 역사는 결국 다른 방식으로 발전해 갔다.

공자가 하늘에 호소하던 시기의 하늘은 인간 세상의

---

31. 『史记·秦始皇本纪』.

일에 간섭할 수 없는 중립적이고 추상적인 개념이다. 그러나 학자들의 윤리권력이 황제의 권력에 의해 탄압받고 또 그들이 어떠한 정치권력도 획득할 가능성이 없을 때, 그들은 하늘을 일종의 적극적인 힘으로 변화시키려고 시도했다. 공자의 도는 그 자체에 내재한 힘이 없다. 도는 어떤 구체적인 일도 할 수 없으며, 그것은 황제의 임무다. 그러나 한나라에 이르러 인간 세상의 일에 하늘이 간섭할 수 있다는 일종의 현실적 개념이 형성되기 시작했다. 한 나라의 동중서[32]는 하늘이 황제를 질책하는 방식으로 그의 권력을 위협한다고 『춘추』를 해석했다. 그는 한무제^{汉武帝}에게 쓴 글에서 "신이 『춘추』의 기록에 근거해 신중하게 선대의 행위를 고찰한 결과 하늘과 인간의 상호작용에서 엄청난 사실을 발견했습니다. 국가가 도에서 벗어난 잘못된 일을 하려고 하면 하늘은 우선 기근과 재해로 경고를 내리고, 그래도 황제가 깨닫지 못하면 하늘은 다시 기괴한 현상을 일으켜 경고했습니다. 마지막으로 그래도 회개하지 않으면 결

---

32. 동중서(董仲舒, 기원전 179~104?)는 서한의 정치가, 사상가로, 유가사상이 국교로 확립되는 데 커다란 기여를 했으며, 유가철학과 음양사상을 통합하고 다른 제자백가 사상의 장점을 흡수해 새로운 통치철학을 수립했다. 『천인삼책』(天人三策), 『사불우부』(士不遇賦), 『춘추번로』(春秋繁露) 등의 저서를 남겼다.

국에는 진짜 재앙을 일으켰습니다. 이를 통해 신은 하늘이 황제를 사랑하기 때문에 변란을 막을 수 있도록 돕는다는 것을 알 수 있었습니다."[33]라고 주장했다.

동중서의 공식에서 '하늘이 가장 높고, 황제·학자의 뒤를 이어 백성이 말석'을 차지하고 있다. 이 공식에 의하면 황제는 직접적으로 억압당하는 존재가 아니라, 단지 하늘의 행위에 의해 위협받고 제한을 받을 뿐이다. 그러나 문제는 하늘이 자연현상을 통해 황제의 행위에 대해 찬성이나 반대를 표시하더라도 도대체 누가 하늘이 행한 계시의 의미를 이해할 수 있을 것인가이다. 학자를 제외한 그 누가 하늘의 계시를 해석할 수 있을 것인가? 동중서는 이렇게 확실하게 학자의 중요성을 강조했다. 그의 공식에 따르면 오직 동중서 자신만이 하늘의 뜻을 해석할 수 있다. 이 개념의 첫 부분은 일반적인 공자의 개념과는 다르며, 특히 이 점에 대해서는 맹자孟子가 상세하게 서술했다. 맹자에 따르면 하늘의 뜻은 백성의 소망 속에서 표출된다. 이 새로운

---

33. 『汉书·董仲舒传』: "臣谨案『春秋』之中, 视前世已行之事, 以观天人相与之际, 甚可畏也. 国家将有失道之败, 而天乃先出灾害以谴告之, 不知自省, 又出怪异以警惧之, 尚不知变, 而伤败乃至. 以此见天心之仁爱人君而欲止其乱也."

관점에 의하면 학자들은 자연현상에 표출된 하늘의 뜻을 해석해야 한다. 하늘은 정치권력을 민주적으로 통제하려 하기보다는 종교를 통해 간접적으로 통치하고자 한다. 여기서 학자들의 역할은 단지 군주가 하늘의 뜻을 받아들이도록 돕는 것이다. 만약 하늘이 군주를 처벌할 경우에는 자연현상을 통해 처벌하되 백성을 통해 처벌하지 않는다. 이론적으로 군주의 권력은 종교의 힘에 종속되고, 동시에 학자는 일정한 독립적인 지위를 갖게 된다. 바꿔 말하면, 학자의 윤리권력은 더 이상 황제의 정치권력에 의해 억압받지 않는다.

만약 동중서가 한걸음 더 나아갔다면, 그는 최종적으로 학자를 하늘의 뜻을 해석하는 사람에서 성직자로 변화시켰을 것이다. 이렇게 되면 학자-성직자는 조직적인 종교단체를 형성하고 신이 갖고 있는 통제력을 위임받아서 무소불위 군주의 권력을 제어할 수 있을 정도로 강해질 수 있었을 것이다. 만약 이런 상황이 발생했다면, 중국에서도 서구의 교회와 국가 사이에 발생했던 것과 다소 유사한 관계가 형성될 수 있었을 것이다. 그러나 이런 이론이 군주의 최고 권력에 도전할 때, 이런 주장은 즉시 탄압에 직면했다. 동중서는 일종의 예시預兆이론을 발전시켰으며, 심지어

음양론을 이용해 자연재해를 예시했다. 그는 "비가 내리게 하려면 모든 양의 기운을 봉쇄하고 음의 기운을 개방해야 하고, 비를 그치게 하려면 반대로 해야 한다. 이 방법을 실행하면, 국가를 통치하면서 기대하는 모든 효과를 거두게 될 것"이라고 주장했다.[34] 언젠가 랴오둥遼東에 있는 한 황릉皇陵에서 화재가 발생했다. 동중서는 이것을 황제가 잘못을 저질렀기 때문이라고 해석했다. 동중서를 질투하던 친구 주부언[35]은 그의 글을 훔쳐 황제에게 갖다 바쳤고 황제는 모든 학자를 불러 모아 동중서의 글을 읽어 보도록 했다. 그 자리에는 여呂 씨 성을 가진 동중서의 학생도 참석했는데, 이 글이 자신의 스승이 쓴 것임을 모른 동중서의 학생은 그 글이 완전히 어리석고 잘못된 글이라고 주장했다. 황제는 비로소 그의 발언을 통해 자신이 잘못을 저질러 황릉에서 화재가 발생했다는 동중서의 글이 야기한 곤경에서 벗어났으며, 동중서를 감옥에 가둔 후 사형에 처하라고 명령했다. 후일 동중서는 사면을 받고 풀려났지만, 이후로

---

34. 같은 책: "故求雨閉諸阳, 纵諸阴, 其止雨反是. 行之一国, 未尝不得所欲."
35. 주부언(主父偃, 미상~기원전 126)은 빈곤한 가정에서 태어나 『주역』, 『춘추』 등 제가백가의 학문을 공부했지만 제나라 유생들의 배척으로 연, 조 등의 제후국을 떠돌다 창안에 도착해 한무제에게 직접 상소를 올리고 발탁되어 중용되었다. 한무제에게 천하를 통일할 것을 주장했다.

는 더는 이런 방식으로 해석하지 못했다.

'징후를 통해 하늘이 군주를 질책'한다는 주장은 군주의 권력을 성공적으로 통제하지는 못했지만, 이런 방식으로 절대 군주의 권력을 무너뜨리려는 인민을 고무시켰다. 하늘이 좋아하지 않는 통치자는 반드시 그 자리에서 물러나야 한다. 한나라 이후, 사회에 어떤 변고가 발생하면 이런 이론이 인민의 반란을 옹호하는 데 사용되었다. 많은 사람이 반란을 변호하는 이 이론을 받아들였지만, 그럼에도 불구하고 이 이론이 전제군주의 절대 권력의 본질을 변화시키지는 못했다.

한무제 집권기에 동중서와 같은 시기에 『춘추』를 연구한 다른 학자가 한 명 있었는데 그가 바로 공손홍[36]이다. 그 역시 동중서를 박해하고 유배 보내는 일에 가담했는데, 그는 황제의 권력을 옹호하기 위한 다른 형태의 방안을 채

---

36. 공손홍(公孫弘, 기원전 200~121)은 빈곤한 가정에서 태어나 어려서 학문을 배우지 못했으며 이로 인해 하급 관리로 일하면서 자주 면직되었다. 뒤늦게 학문에 정진해 한무제에 의해 박사로 임명되었고 이후 한무제의 신임을 바탕으로 승승장구해 승상의 자리에 올랐으며 제후로 봉해졌다. 재직 중에 인재를 중용하고 백성들의 생활을 잘 보살폈으며 유학의 보급에 지대한 역할을 했다. 다만 의심이 많아 자신과 뜻이 다른 주부언을 죽이고 동중서를 배척하기도 했다. 저서로 『공손홍』 10편이 있는데 이미 유실되었다.

택했는다. 그것은 바로 관리가 되어 황제를 위해 봉사하는 것이었다. 공자의 정통성을 계승한 학자들은 공손홍을 비웃었는데, 그 이유는 그가 '도'를 지키려는 공자의 정신을 저버렸기 때문이었다. 원고생轅固生이라는 90세의 노학자는 황제의 환심을 사기 위해 자신의 견해를 바꾸는 것이 싫어서 은퇴했다. 어느 날 원고생이 공손홍을 흘겨보면서, "공손가야! 정도에 근거해 일을 처리하고 논해야지, 자신의 학문을 굽히고 세상에 아첨하면 안 돼!"[37]라고 말했다. 이 말은 '학자는 기회주의자가 되어서는 안 되고 윤리적 가치를 지켜야 하는 책임이 있다.'라는 의미다. 공손홍은 비천한 가문 출신으로 한때는 감옥을 지키는 간수看守로 일했고 심지어는 돼지를 사육하기도 했지만, 후일 재상이 되었다. 그는 황제와 혈연관계가 없으면서 재상의 자리에 오른 첫 번째 인물이다. 따라서 그는 윤리권력을 황제에게 헌납하고 공자의 규범을 황제의 권력에 종속시켰을 때의 장점을 확실하게 알고 있었다. 어떤 사람이 완전히 세상을 등지지 않는다면 사실상 두 종류의 선택이 존재하는데, 그것은 바로 정치권력에 복종하든가, 아니면 환영받지 못하는 사람이

---

37. 『史记·儒林列传』: "公孙子, 务正学以言, 无曲学以阿世."

되는 것이다. 노학자 원고생과 동중서는 정치권력에 불복해서 유배를 당했지만, 공손홍은 정치권력에 복종한 후 재상이 되었다.

재상으로서 공손홍은 마땅히 자신 같은 학자들을 중용해 백성들을 통치해야 한다고 군주에게 제안했다. 그는 "호랑이·표범·말·소를 비롯한 금수禽獸는 제어하기가 어렵지만, 잘 길들이면 사람을 위해 유용하게 사용할 수 있습니다. 목재를 부드럽게 구부리고 금속을 녹이는 일은 시간이 많이 소요되지 않지만, 좋고 나쁨을 판단하고 약점에서 장점을 판단해 내는 인간을 어찌 금수·목재 또는 금속과 비교할 수 있겠습니까? 그러나 결국 인간도 시간이 흐르면 변할 수 있습니다."[38]라고 주장했다. 공손홍은 황제를 위해 복무하는 좋은 관료가 되는 방안을 고안해 사용했다. 예를 들면, 매일 아침 어전회의 때마다 그는 황제에게 각종 행동방안을 제시하고 황제가 그중에서 좋은 방안을 선택하도록 제안했다. 그러나 그는 자신의 이런 제안에 대해 어떤 해석도 하지 않았으며, 자신의 견해를 계속해서 고집하

---

38. 『汉书卷五十八·公孙弘卜式宽传第二十八』: "夫虎豹马牛, 禽兽之不可制者也, 及其教训服习之, 至可牵持驾服, 唯人之从. 臣闻柔曲木者不累日, 销金石者不累月, 夫人之于利害好恶, 岂比禽兽木石之类哉?期年而变."

지도 않았다. 이 때문에 황제는 그가 신중하고 다른 사람의 의도를 잘 이해할 뿐 아니라 행정업무도 잘하는 전문가이자 학자라고 판단했다. 황제는 곧 그를 좋아하게 되었고 그를 가까이했다. 황제가 그에게 어떤 문제에 대해 의견을 구할 때 그는 황제의 관점이 자신과 일치하지 않더라도 그 자리에서 황제와 다른 주장을 한 것이 아니라 자리에서 물러난 후 다른 사람을 물색해 문제의 해결을 시도했다. 공손홍이 물색한 다른 사람이 상황을 우선 황제에게 보고하고 공손홍이 그 뒤를 따랐다. 이런 원만한 문제해결 방식 때문에 황제는 그를 좋아하게 되었다. 그뿐만 아니라 어전회의에서 어떤 사안에 관해 결정할 때에도 공손홍은 이미 협의해 결정한 내용대로 발언하기보다는 당시 황제의 태도에 따라 결정했다.

공손홍의 능숙한 처세술은 그가 다른 관리들로부터 공격을 받는 요인이 되었다. 그들은 "공손홍이 남을 잘 속이고 냉정하며, 갑자기 태도가 돌변해 친구를 배신하고, 자신이 먼저 제안한 의견을 스스로 먼저 포기하는 불충한 인물"이라고 비난했다. 황제가 이런 주장이 사실인지 공손홍에게 묻자, 그는 "저를 이해하는 사람들은 제가 충직한 사람이라고 판단할 것이고, 저를 이해하지 못하는

사람들은 제가 불충한 사람이라고 판단할 것입니다."라고 대답했다.[39]

공손홍에 대한 또 다른 비난으로 다음과 같은 일화가 있다. "공손홍은 높은 자리에 앉아 많은 봉록을 받으면서도 항상 면(綿)으로 만든 옷만 입고 다니는데 이는 성실하지 못한 태도입니다. 다른 사람에게 겸허하고 절약하는 것 같은 인상을 주지만 사실은 그렇지 않습니다. 그는 하급 관리에서부터 출발하여 몇 년 사이에 이렇게 높은 자리까지 올라와서 재상이 되고 제후에 책봉되었으며, 그의 외모는 온화하고 다른 사람들과 잘 어울리는 것처럼 보입니다. 또 그는 숙소를 새로 지어 자신을 위해 일하는 사람들이 거하도록 하고, 다른 사람들은 아주 성대하게 대접하면서도 자신은 겨우 고기 한 조각으로 끼니를 때우고 자신의 가족은 그다지 잘 돌보지 않습니다. 그는 겉으로는 선량한 것처럼 행동하지만, 사실은 모든 사람을 마음속으로 질투하고 있습니다. 그는 자신과 친하지 않은 관리들에게 접근해 어떻게든 그들을 공격합니다. 그는 주부언을 살해하고 동중서를 유배 보냈는데, 이 모든 것들이 그

---

39. 『汉书·公孙弘传』.

가 꾸며낸 일입니다."[40]

이런 내용을 통해, 우리는 공손홍이 원칙을 저버리고 오로지 권력자의 변덕을 추종하면서 신의를 지키지 않고 친구들을 배반했으며, 붕당을 형성해서 높은 지위를 유지해 온 사실을 알 수 있다. 이런 유형의 인간이 바로 중국에서 자주 발견할 수 있는 전형적인 관료이다.

공손홍의 예에서 본 것처럼 공자와 그의 제자들이 유지해왔던 윤리권력은 학자의 규범이 더 이상 아니었으며, 이제 학자들도 군주의 권력을 지지하게 되었다. 이러한 변화는 한유[41]를 통해 완성되었다. 한유는 자신이 윤리권력을 직접 계승했다고 생각했지만, 그는 비판자가 아닌 황제의 관용을 드러내는 역할을 수행했다. 한유는 어떤 학문적인 권위도 갖지 않은 은사隱士였지만, 황제는 그의 행동 양식을 매우 좋아했고 결국 무명의 그를 시골구석에서 불러내 황제의 어사御吏로 임명했다. 이 어사란 직책은 황제가 활동 중 잘못한 점에 대해 반드시 조언해야 하는 자리이다. 따라

---

40. 『汉书·公孙弘传』.
41. 한유(韩愈, 768~824)는 당대(唐代)의 사상가, 정치가, 문학가로 당송 8대가 중의 으뜸으로 추앙받았으며 당대 고문(古文) 운동의 추동자다. 700여 편의 시와 400여 편의 산문을 남겼는데, 그의 제자인 이한(李汉)이 그의 작품을 모아 『한유집』(韩愈集) 40권을 편집했다.

서 그의 역할은 천하를 설득하고, 인민들이 법정에서 자유롭고 솔직하게 발언하도록 해서 황제는 결코 의에 반해 보복하지 않는다는 점을 분명히 입증하며, 동시에 황제가 자신과 다른 정견을 덕으로서 받아들일 수 있다는 사실을 보여 주는 것이었다. 이런 생각은, '동굴 속의 인민' 즉 보통 사람들이 자신의 멋진 옷을 입고 법정에 나와 자신의 요구를 말할 수 있도록 함으로써 황제의 덕행이 전설 속의 요순의 그것처럼 빛날 수 있고, 그 이름을 영원히 후세에 남길 수 있다는 생각에서 비롯되었다.

한유는 황제의 권력이 '도'에 부합해야 하는지 아닌지 더 이상 문제시하지 않았다. 그에게 정치권력은 윤리권력과 일치하는 것이기 때문에 이 점은 더 이상 문제가 되지 않았다. 한유는 황제는 실수하면 안 되고 학자들을 등용할 의무가 있으며, 반대로 학자들은 자신을 스스로 조정에 천거할 의무가 있다고 주장했다. 그가 이렇게 주장한 데에는 다음과 같은 이유가 있다. "고대에 학자는 3개월 이상 관직을 떠나 있으면 서로 위로했습니다. 이 때문에 그들이 본국을 떠나 다른 나라로 갈 때는 반드시 수레에 예물을 싣고 갔습니다. 그러나 그들이 자천自薦을 중시한 요인은 주에서 임용되지 않으면 노로 가고, 노에서도 임용되지 않으면 다시 제로 가고, 제에서도 임용되지 않으면 송으로, 다시 정으로, 진으로, 그리고 초로 가야 했기 때문입니다. 그러나 이제 천하에는 오직 한 명의 천자만 존재하고 천하에 오직 하나의 나라만 존재합니다. 만약 이 나라를 버리고 오랑캐를 찾아가 관직을 구걸한다면 부모의 나라를 버리는 것입니다. 따라서 자신의 주장을 펼치고자 하는 학자가 만약 조정의 부름을 받지 못한다면 산속에 들어가 은거하는 방법밖에 없습니다. 산속에 은거하는 것은 자신의 수양에만 힘쓰되 국가와 백성의 안위를 고민하지 않으려는 학자들이 취할 수 있는 방법입니다. 천하의 안위를 걱정한다면 산속에 은거해서는 안 됩니다."[42]

---

42. 『后二十九日复上宰相书』, 『韩昌黎文集』 卷三 : "古之士, 三月不仕则相吊, 故出疆必载质, 然所以重于自进者, 以其于周不可则去之鲁, 于鲁不可则去之齐, 于齐不可则去之宋, 之郑, 之秦, 之楚也. 今天下一君, 四海一国, 舍乎此则夷狄矣, 去父母之邦矣. 故士之行道者, 不得于朝, 则山林而已矣. 山林者, 士之所独善自养, 而不忧天下者之所能安也. 如有忧天下之心, 则不能矣-后廿九日复上宰相书." 노(鲁)는 주나라의 제후국으로 수도는 현재의 산둥성 취푸(曲阜)다. 제후의 성은 희 씨다. 주 무왕의 동생 주공(周公) 단(旦)이 상의 마지막 왕인 주왕(纣王)의 아들 무경(武庚)의 반란을 진압한 공로로 하사받았지만, 자신은 주나라에 남아 국정을 보좌하고 자신의 장자 백금(伯禽)을 보내 건립한 제후국이다. 기원전 256년 초나라에 멸망할 때까지 790년 동안 존재했으며, 환공(桓公), 장공(庄公), 희공(僖公) 집정기에 가장 강대해 제나라와 동쪽의 패권을 다퉜다. 수많은 주나라의 제후국 중 주나라와 가장 친밀했으며 주나라의 예법을 가장 엄격하게 보존하고 실천한 제후국이다. 제(齐)는 주나라의 제후국으로 수도는 잉치우(营

丘, 현재의 산둥성 린즈[臨淄]), 제후의 성은 강(姜), 씨는 려(呂)다. 환공이
존왕양이(尊王攘夷)의 기치를 내걸고 제후들을 규합해 춘추시대 첫 패자
가 되었으나 기원전 221년 건왕(建王)이 진왕(秦王) 영정(嬴政)에게 투항
함으로써 소멸하였다. 송(宋)은 주나라의 제후국으로 수도는 현재의 허난
성 샹치우(商丘), 제후의 성은 자(子), 씨는 송(宋)이다. 주나라 초기에 공
작에 봉해질 만큼 제후국 중에 특수한 지위(주나라 성립 후, 주 이전의 3대
왕조의 자손들을 특별히 왕으로 책봉해 존중했는데 여기에는 2가지 설이
존재한다. 하나는 우[虞], 하, 상의 후예를 각각 진[陈], 기[杞], 송[宋]국의 제
후로 책봉했다는 설과, 황제, 요, 순의 후예를 계[蓟], 축[祝], 진[陈]국의 제
후로 책봉했다는 설이다.)를 누렸다. 중국전통문화의 핵심인 유가, 묵가, 도
가 등의 발원지다. 춘추오패 중의 하나로 전국시대에 제, 초, 위나라를 제압
할 정도로 강성했지만, 제, 초, 한의 연합공격에 기원전 286년에 멸망했다.
정(郑)은 주나라의 제후국으로 수도는 현재의 정저우(郑州), 제후의 성은
희(姬)다. 중국 법가사상과 법제도를 발달시킨 국가로 영토는 넓지 않았지
만 군사력이 강해 한때는 진, 초 등과 패권을 다퉜다. 장공(庄公) 집권시 국
력이 가장 강대했으며 기원전 375년 한(韩国)에 의해 멸망할 때까지 432년
동안 존재했다. 진(秦)은 주의 제후국으로 국도는 함양(咸阳), 제후의 성은
영(嬴), 씨는 조(赵), 하상(殷商)시기 서융(西戎, 현재의 몽고지역)을 방어
하는 데 중요한 역할을 수행해 상의 귀족과 병합되어 제후에 봉해졌으며,
주평왕의 동천을 도와 치산(歧山) 서쪽 지역을 하사받고 주의 정식 제후국
이 되었다. 목공 때 서융을 평정하고 영토를 확장해 춘추 4강의 기초를 다
졌다. 효공(孝公) 재위 시 상앙의 변법을 실시했으며 전국 중후기에 최강자
가 그의 아들 혜문왕(惠文王)부터 스스로 왕이라 칭하면서 진의 천하통일
을 위한 초석을 다졌다. 기원전 230~221년 사이 다른 여섯 국가를 멸하고
천하를 통일했다. 초(楚)는 선진시기의 제후국으로 국도는 영도(郢都, 현재
후베이성 징저우(荆州) 부근), 제후의 성은 미(芈), 씨는 웅(熊)이다. 장왕
(庄王) 재위시 진(晋)을 격파하고 전성기를 구가했다. 전국 초기에 변법을
단행하고 군사력을 강화해 선왕, 위왕 즉위 시 북쪽으로 안후이, 산둥 등지
에 이르는 광활한 영토를 지배했으나, 기원전 223년 진에 의해 멸망했다. 기
원전 209년 잔여 세력에 의해 재건되었으나 항우(项羽)가 이를 제압하고
자신을 서초패왕(西楚霸王)이라 칭했다. 항우 역시 유방(刘邦)과의 전쟁
에서 패한 후 자살했다.

한유를 시작으로 중국의 학자들은 황제가 옳은지 그른지에 대해 더 고민할 필요가 없어지고, 자신의 역할은 황제를 옹호하는 것이라고 인식하게 되었다. 어떤 사람이든지 황제의 간단한 칙서를 읽을 수만 있으면 그들은 진짜 학자 행세를 할 수 있게 되었다.

이로 인해 학자와 정치세력의 관계에서 역사적인 변화가 발생했다. 그들은 현실정치에서 분리되기 시작했고 윤리권력의 수호자로 간주되었지만, 현실정치에 적극적인 영향을 주지 못했다. 군주에게 권력이 집중되는 과정에서 신사계급은 자신의 이익을 보호하지 못했다. 그 때문에 이들은 종교에 도움을 요청해 신성한 신의 권능을 통해 군주를 통제하는 동시에 자신도 보호할 수 있기를 희망했다. 그러나 신의 권능으로 군주를 통제하는 방식은 효과적이지 못했다. 따라서 유일한 선택은 반란을 일으키는 대신 황제에게 투항하는 것이었다. 학자 계층은 역사적으로 어떤 의미의 혁명도 시도해본 적이 없기 때문에 그들은 후자, 즉 관리가 되는 방법을 선택해 심지어는 황제의 권력에 철저하게 굴종하는 세력으로 추락하고 말았다. 이러한 역사적 과정이 이후 사회구조에서 신사의 지위를 결정했다. 그들은 스스로 정치권력을 장악하려고 시도하지 않는 대신

황제의 자비에 복종함으로써 안전을 보장받았다. 전통 중
국의 권력 구조에서 확실히 신사는 투쟁적이지 않은 구성
요소였다.

3장

신사와 기술지식

중국에서 '지식인'知識分子이라는 단어는 그들이 '지식'을 소유하고 있다는 의미이다. 이것은 중국 사회에 학문의 소유 여부로 인한 차별이 존재한다는 것을 보여 준다. 문제는 이러한 사회적 차별을 가능케 하는 '지식'이라는 것이 대체 무엇인가 하는 점이다. 그리고 사회적 차별을 가능하도록 이런 '지식'이 사회의 어떤 특정한 계급에 의해 독점되고 있는데, 그들은 어떤 수단과 구조를 토대로 지식을 독점하고 있는가? 좀 더 나아가 이 계급이 전통적 구조에서 어떻게 자신들의 지위를 유지하고, 서구와의 접촉 과정에서 어떻게 변해 왔는가에 대해 고찰해 봐야 한다.

이 계급의 구성원들이 갖추고 있는 특징은 항상 어떠한 문제에 대해 알고 있을 뿐만 아니라 일종의 특수한 지식을 갖고 있다는 점이다. 공자의 저서는 이러한 특수한 지식 또는 학문에 대해 매우 분명하게 설명하고 있는데 '지식'이라는 단어는 어떤 제한된 의미를 내포하고 있다. 예를 들면, 제자인 번지樊迟, 기원전 515~?가 공자에게 지식이라는 단어의 의미에 관해 묻자 공자는 "인간으로서 마땅히 해야 할 일에 최선을 다하고 신을 존중하되 가까이하지 않는 것이 지식이다."[1]라고 말하면서, "아무것도 모르면서 막무가내로 일하는 사람이 있는데, 나는 한 번도 그런 적이 없다. 많이 듣고 그중에서 좋은 것을 실천해야 한다. 많이 보고 그것을 마음에 새기는 것은 지식 중에서도 부차적이니라."[2]라고 덧붙였다.

위의 인용구에서 볼 수 있듯이 공자는 지식이라는 단어를 '인식'한다는 의미뿐 아니라 '세상의 일을 이해하고 이치에 밝다.'는 뜻으로도 사용했다. 번지가 다시 " '똑똑함'이란 무엇을 의미하는 것입니까?"라고 묻자, 공자는 "사람을 아는 것"이라고 대답했다. 그러나 번지가 이 뜻을 완전히 이해하지 못하자, 공자는 다시 "정직한 사람을 악한 사람의 윗자리에 선발하면, 악한 사람을 정직하게 교정할 수 있다."[3]라고 대답했다. 공자는 지식의 과정을 다음과 같이 묘사했다. 먼저 감지感知, 즉 새로운 소식을 접한 다음 수집한 정보들 중에서 구별하고 선택하는 것이다. 어떤 정보의 단순한 수집보다 지식이 진일보한 점은 좋은 것과 나쁜 것을 구별해 선택할 수 있는 능력을 바탕으로 구성되기 때문이다. 이렇게 제한적인 의미에서의 지식을 바탕으로 '정직

---

1. 『论语-雍也』: "务民之义, 敬鬼神而远之, 可谓知矣."
2. 『论语·述而』: "盖有不知而作之者, 我无是也. 多闻, 择其善者而从之, 多见而识之, 知之次也."
3. 『论语·攀迟问仁』: "举直错诸枉, 能使枉者直."

한'(올바른直)이라는 단어가 규정하는 기준 또는 규범이 확립된다. 정직이라는 단어의 의미를 우리가 이해하게 될 때, 우리는 반드시 그 의미에 근거해 행동할 뿐 아니라 잘못된 것을 올바르게 고치게 된다. 이런 이유로 공자는 지식이라는 단어를 올바른 행위를 하기 위한 지혜 또는 지식이라고 해석했으며, 따라서 백성을 위해 일하거나 영혼(귀신)을 숭배하면서 자신이 어떤 일을 해야 하는지를 아는 사람에 대해 '사리를 안다'知事라고 표현했다. 이런 의미에서 지식은 단지 어떤 이치를 알고 있는 것일 뿐 아니라 덕을 베푸는 행위이다. 이런 지식은 인仁과 용기勇를 내포하고 있기 때문에, 지혜로운 사람은 지식인일 뿐 아니라 반드시 준수해야 할 도덕이나 규범을 실천할 수 있어야 한다.

지식은 두 가지의 범주로 구분할 수 있다. 하나는 물질세계의 속성을 이해하는 것이고, 다른 하나는 올바른 행위란 어떤 것인가를 이해하는 것이다. 공자의 경전에서 말하는 지식이란 후자를 의미한다. 공자는 심지어 도덕규범을 이해하고 있는 사람은 굳이 자연을 이해할 필요가 없다고 믿었다. 사실상 공자 자신이 이런 유형, 즉 "전혀 노동하지 않으면서, 오곡五穀도 구분할 줄 모르는 사람"[4]의 대표적인 인물이었다. "번지가 공자에게 농사짓는 법을 알려달라고 청하자 공자는 농부에게 가서 물어보라고 답했다. 다시 번지가 채소 재배법을 묻자 공자는 채소를 재배하는 농부에게 물어보라고 답했다. 번지가 물러가자 공자는 '번지는 소인배구나!'라고 탄식했다. 윗사람이 예를 중시하면 백성이 경외하지 않을 수 없고, 윗사람이 의를 중시하면 백성들이 어찌 불복하겠는가, 또 윗사람이 신뢰를 중시하면 백성이 진심으로 대할 수밖에 없을 것이니라. 만약 이렇게 행한다면, 백성이 사방에서 자식을 등에 업고 달려와 의탁할 것이니 어찌 직접 씨를 뿌리고 농사를 지을 필요가 있겠는가!"[5] 이 구절은 공자에게 자연계에 대한 지식이 그다지 중요하지 않다는 점을 설명해 줄 뿐 아니라, 사회적 지위에 대한 공자의 인식도 보여 주고 있다. 즉 공자 자신과 같은 사람은 상층계급에 속하고 보통 사람들은 하층계급에 속한다. 보통 사람들은 반드시 농사를 지어야 하지만, 상층계급에 속하는 사람들은 예禮, 즉 법률과 정의만 지키고 유지하면 사람들의 존경을 받을 수 있다. 행위규범을 알고 있는

---

4. 『论语·微子』: "四體不勤, 五穀不分."
5. 『论语·子路』: "樊迟请学稼." 子曰: "吾不如老农." 请学为圃曰: "吾不如老圃." 樊迟出. 子曰: "小人哉, 樊迟也! 上好礼, 则民莫敢不敬; 上好义, 则民莫敢不服; 上好信, 则民莫敢不用情. 夫如是, 则四方之民襁负其子而至矣, 焉用稼?"

사람들은 생계를 유지하기 위해 일할 필요가 없다고 공자는 생각했다.

맹자에 이르러 사회구조에 대한 이런 관점의 변화는 훨씬 더 명확해졌다. 진상[6]이 맹자에게 "현자賢者는 나라를 다스림에 있어서 백성과 함께 직접 농사를 짓고 밥을 하면서 나라를 다스려야 한다."[7]라는 허행[8]의 주장을 전하자, 맹자는 그의 의견에 반대하면서 분업은 자연스러우면서도 정당한 것이라고 주장했다.

"진상은 허행을 만난 후 매우 기뻐하면서 자신이 과거에 배웠던 것을 완전히 버리고 허행의 사상을 학습했다. 진상이 맹자를 방문한 후 다음과 같은 허행의 주장을 전했다. '등국[9]의 왕은 확실히 어질고 덕이 있지만, 나라를 다스리는 참된 이치(도)에 대해서는 들어보지 못했습니다. 어진 군주는 반드시 백성과 함께 경작하고 수확해 직접 밥을 짓고 동시에 나라도 다스려야 합니다. 지금 등국의 양식창고

---

6. 진상(陈相)은 전국시대 송나라 농가(农家)학파 사상가다.
7. 『孟子·滕文公上』:"贤者与民并耕而食."
8. 허행(许行)은 전국시대 초나라 출신의 농가학파의 대표적 사상가다.
9. 등국(滕国)은 주나라의 제후국으로 수도는 현재의 산둥성 텅저우(滕州)다. 제후의 성은 희다. 기원전 414년 월나라에 멸망했다가 곧 재건했으며 기원전 296년 송에 의해 멸망하였다.

와 보물창고는 각종 양식과 재화로 가득 차 있는데, 이는 백성의 고생으로 자신을 살찌운 것이니 어찌 성군이라 부를 수 있습니까?'"

맹자가 "허행은 반드시 자신이 농사를 지어 밥을 해 먹는가?"라고 묻자, 진상이 "그렇습니다."라고 대답했다. 맹자가 다시 "그렇다면 허행은 반드시 자신이 직접 베를 짜서 지은 옷을 입는가?"라고 묻자, 진상은 "아닙니다. 그냥 굵은 삼베를 걸치고 다닙니다."라고 답했다. 맹자가 "그는 어떤 모자를 쓰고 다니는가?"라고 묻자, 진상이 "생견生絹으로 만든 모자를 쓰고 다닙니다."라고 답했다. 맹자가 "자신이 직접 만들었는가?"라고 묻자, 진상이 "아닙니다. 양식과 바꿨습니다."라고 답했다. 맹자가 "왜 자신이 직접 만들지 않는가?"라고 묻자, 진상이 "농사에 방해가 돼서 그렇습니다."라고 답했다. 맹자가 "그는 직접 밥을 짓고 철제 농기구로 농사를 짓는가?"라고 묻자, 진상이 "그렇습니다."라고 답하자, 맹자는 다시 "그가 직접 제작했는가?"라고 물었고, 진상은 다시 "아닙니다. 양식과 바꿨습니다."라고 답했다.

맹자가 다시 "양식과 취사도구 및 농기구를 교환하면 도공陶匠이나 대장장이가 손해가 아닌가? 반대로 도공과 대장장이가 자신들이 만든 그릇이나 농기구를 양식과 교환하면, 농부들이 손해가 아닌가? 그리고 그는 왜 자신이 도자기를 굽거나 철을 제련해서 필요한 것들을 직접 만들지 않고 각각의 장인들과 교환하는 것인가? 그는 왜 이런 불편을 감수하는 것인가?"라고 묻자, 진상이 "각종 장인의 작업은 농사를 지으면서 함께할 수 있는 일이 아닙니다."라고 답하자, 맹자는 "그렇다면 천하를 다스리는 일은 농사를 지으면서도 할 수 있는 일이란 말인가? 관리가 해야 할 일이 있고, 백성이 해야 할 일이 있다네. 하물며 한 사람이 살아가는 데 각 분야의 장인이 만든 물건들이 모두 필요한 법인데, 만약 자신이 모든 것을 직접 만들어 사용해야 한다면, 천하를 다스리는 사람을 불편하게 할 것이네! 예로부터, 어떤 사람은 두뇌를 사용해 일하고, 어떤 사람은 몸을 써 일하는데, 두뇌를 사용해 일하는 사람은 다른 사람을 통치하고, 몸을 써 일하는 사람은 다른 사람에 의해 통치받게 되네. 다른 사람에게 통치당하는 사람은 통치자를 부양해야 하고, 다른 사람을 통치하는 사람은 피통치자에게 부양받게 되네. 이것이 세상의 일반적 도리이네."라고 말했다.[10]

---

10. 『孟子·滕文公上·第四章』.

맹자의 말에서 우리는 노동 분업의 인정이 계급차별에 대한 지지일 뿐 아니라 통치계급의 특권을 변호하기 위한 것임을 알 수 있다. 그러나 글 중에서 내가 인용한 이 두 단락은 전통적 체계 아래에서 자연계에 대한 지식과 윤리에 대한 지식을 대함에 있어 차이가 있음을 보여주고 있다. 자연계에 대한 지식은 생산에 관한 지식으로, 농민, 수공업자 및 기타 노동으로 생계를 유지해야 하는 사람들에게 속하는 것이다. 다른 한편으로, 윤리에 관한 지식은 두뇌를 사용해서 인민들을 통치하는 사람들의 도구이다. 다른 사람을 통치한다는 것은 이 사람이 남들보다 뛰어나다는 것을 의미하며, 만약 그가 다른 사람을 착취하지 않는다면 다른 사람들에 의해 부양되어야 함을 의미한다. 왜냐하면 이런 사람들은 물질세계에 대한 지식과 경험이 없기 때문에 "노동을 전혀 하지 않으며, 오곡도 구분할 줄 모르게 되기" 때문이다. 여기서 공자의 발언은 왜 자신이 당연히 농사를 짓지 않아야 하는지를 설명해 주고 있다.

맹자는 위에서 언급한 육체노동자와 정신노동자를 구별하는 보편적 원칙에 대한 토론을 제기했지만, 왜 윤리에 관한 지식을 소유한 일부 정신노동자들이 인민 위에서 군림하면서 그들을 통치하고 또 당연하게 그들의 지지를 받아야 하는지에 관해서는 설명하지 않았다.

따라서 다음과 같은 질문을 제기할 수 있다. 지식인은 어떻게 그들의 사회적 지위를 획득하는가? 이에 대한 답은 그들이 가진 대부분의 권위는 그들이 가진 지식의 특성에서 비롯된다는 것이다. 우리가 보고 있는 것처럼 이런 지식은 실질적인 업무에 관한 지식과는 좀 다른, 그 사회에서 인정받은 좀 다른 가치를 가진 지식이다.

음식, 옷, 집처럼 인간의 생존을 위한 기본적인 수요를 만족시키기 위해 우리는 반드시 도구를 사용해야 할 뿐 아니라 우리가 사는 세계에 대해 약간의 실제적인 이해를 해야만 한다. 우리는 얼마나 정확하게 사물을 처리해야 하는지 반드시 이해할 수 있어야 한다. 예를 들면, 어떤 물질을 마찰시켜 불을 피우는 지식은 인류 초기에 발견한 원칙으로 인류 문화유산의 중요한 부분이지만, 한 개인이 어떤 물건을 마찰시켜 불을 피우는 것은 간단한 일이 아니다. 불을 피우는 지식에는 어떤 재료를 사용해서 얼마 동안 마찰시켜야 할 것인가 등의 내용이 포함되어 있다. 어떤 일정한 조건 아래서만 물체를 마찰시켜 불을 피울 수 있는 것이다. 일정한 과정의 기술을 사용해야만 예상했던 결과를 얻을 수 있으며, 지식의 적절한 활용이 어떤 사람이 예상한 목표를 달성할 수 있을지 아닌지를 결정해 준다. 그러나 인류의 삶에서 기술 획득은 목표가 아니며 기술은 단지 하나의 수단일 뿐이다. 우리가 불을 피우는 것은 밥을 하기 위해, 난방을 위해 또는 신에게 제사를 드리기 위해서이다. 따라서 어떻게 불을 피우냐는 문제뿐 아니라 언제, 어디서, 어떤 종류의 불을 피우냐가 중요하다. 불을 피우는 것은 하나의 독립된 행동이 아니라 사회제도의 한 부분인데, 이 사회제도는 효율성뿐 아니라 가치도 포함하고 있다. 문제는 우리가 불을 당연히 피워야 하느냐 그렇지 않느냐이다. 이것이 바로 공자가 예라고 말한 내용의 일부분이다. 따라서 동일한 행동이 어떤 상황에서는 정확하지만, 또 다른 상황에서는 정확하지 않을 수도 있다. 어떤 사람이 공자에게 관중[11]이 예를 알고 있는지에 관해 묻자, 공자는 "군주가 대문 안에 문병[12]을 세우자, 관중 역시 대문 안쪽에 문병을 세웠고, 군주가 다른 나라 군주를 접대할 때 사용하는 술잔을 놓아두는 토대反坫를 설치하자 관중 역시 이 토대를 설치했

---

11. 관중(管仲)은 춘추시대 제나라의 재상이자 법가의 대표적 인물로 제환공 (齊桓公)을 보좌해 제나라가 춘추시대 첫 패권국으로 성장하는 데 일조한 인물이다.
12. 문병(門屏)이란 옛날에 밖에서 안이 들여다보이지 않도록 대문을 가린 벽을 말한다.

다. 관중이 예를 안다고 말한다면, 누가 예를 모른다고 하겠는가!"[13]라고 답하면서, 우리가 어떻게 일을 할 것인가를 결정하는 데는 기술뿐만이 아니라 행동의 기준도 필요하다고 말했다.

자연을 연구할 때의 문제는 어떻게 하는 것이 실제로 정확한가다. 자연 자체가 내포하고 있는 고유의 원칙대로 진행하면 예상했던 목표에 도달할 수 있지만, 그렇지 않으면 성공할 수 없으며 불을 피울 수 없고 따라서 자연에 대한 좀 더 많은 권위 있는 지식을 보급할 필요도 없다. 어떤 사람이 그가 속한 사회의 규칙대로 행동하지 않으면 그 자신에게는 해롭지 않을 수도 있지만 사회 전체로 보면 나쁜 결과를 가져올 것이다. 공공의 이익을 지키기 위해 우리는 일반적으로 사회의 규범을 따르지 않는 사람들이 규범을 존중하도록 제재할 필요가 있다. 이런 방식으로 우리는 당연히 해야 할 것을 하지 않아야 할 것으로 변화시킨다. 일반적으로 사회적 제재를 가하기 위해서는 그 사회 전체가 권위가 있어야 한다. 그러나 이런 권위를 모든 사람에게 부여할 수는 없으며, 사회는 반드시 어떤 사람을 선출해 자

---

13. 『论语·八佾』: "邦君树塞门, 管氏亦树塞门；邦君为两君之好, 有反坫, 管氏亦有反坫. 管氏而知礼, 孰不知礼貌."

신의 대표로 삼아야 한다. 중국에서는 이런 사람들이 바로 학식(또는 지식)을 갖춘 사람들이다.

상대적으로 변화가 적은 정체된 사회에서 행위규범은 실제 경험의 축적을 통해 발전하게 되는데 일반적으로 이런 행위규범이 사람들이 일상생활에서 성공할 수 있도록 효율적으로 인도해 준다. 효율성이 이런 행위규범의 존재 이유며, 행위규범은 사회적 권위에 의해 지지를 받으면서 정당성을 확보하게 된다. 다른 한편으로 이런 사회에서 대다수의 사람은 사실상 그 규칙들에 복종한다. 그 이유는 행위규범에 순응하면 일상생활에서 만족할 만한 보상을 받기 때문이다. 어떤 안정된 사회의 행위규범은 오랫동안 전해 내려온 전통이며 세상을 연구하는 경험의 결정체이다. 공자의 사회적 권위는 공자 자신이 전통적 방식에 대한 이해가 깊다거나 공자 자신이 똑똑하기 때문만은 아니다. 안정적이고 전통적인 규범으로 조직된 사회에서 개인은 그 사회에 대해 질문하거나 규범에 대한 연구 또는 해석을 할 필요가 없다. 단지 (그 사회의) 풍습이 무엇인지 발견하기만 하면 된다. 공자가 '발견'이라고 말할 때 그 의미는 어떤 새로운 사물에 대한 해석을 추구한다는 의미가 아니라 과거에 대한 '재발견'을 의미한다. 역사적 전통이 확립된 사회에서 진정한 의미의 영향력을 발휘할 수 있는 사람은 새로운 것을 발명한 사람이 아니라 사람들을 기존의 규범에 근거해 인도할 수 있는 사람이다. 도제徒弟가 주인으로부터 기술을 배우는 것처럼, 보통 사람들은 학생들처럼 전통적 가치를 배워야 한다. 이런 과정은 반드시 필요하며, 선생들은 사회적 특권과 권위를 지닌 사람들이다.

그러나 사회적 권위와 정치권력은 다르다. 내가 이런 점을 강조하는 것은 중국의 신사들이 실질적인 정치권력을 갖고 있지 못했기 때문이다. 실제로 중국에서 정치권력은 고대부터 민국시기까지 한결같이 사회적 권위와 일치하지 않았다. 정치권력은 폭력으로 권력을 장악하고 정복자와 피정복자의 관계를 발생시키지만, 사회적 권위는 개인들의 동의와 공동의 이해를 기초로 수립된 사회규범이다. 공자학파는 정치권력과 사회적 권위가 일치하기를 희망했다. 어떤 통치자가 오직 정치권력만으로 자신의 국가를 통치한다면 그는 '폭군' 또는 '패자'霸者로 불리게 되지만, 정치권력과 사회적 권위가 일치하면 '왕'王으로 불리게 된다. 사실 중국사에서 정치권력과 사회적 권위의 이러한 일치는 결코 존재하지 않았다. 공자는 사회적 권위는 있지만 정치권력을 갖지 못한 '소왕-무관의 제왕'으로 불렸다. 중국 전통사회에 두 종류의 수평적 권위의 원천이 존재했기 때문에, 두 가지 서로 다른 수준의 사회질서가 확립되었다. 대중들의 일상생활은 사회적 권위에 의해 통제되었지만, 정치권력은 통상적으로 관부衙门의 행동에만 제약을 가했다. 일부 폭군을 제외하면 조정朝廷은 사회에서 발생하는 일에 간섭하지 않았다. 일반적으로 말해 좋은 황제는 세금을 징수하는 것 외에는 인민 스스로 다스리도록 방치했다.

아주 단순한 한 사회에서 행위규칙은 어떤 특수한 지식이 아니라 절대다수의 사람이 모두 이해하고 있는 것이다. 이런 사회에서는 모든 사람이 행위규칙을 준수하고 또 그들의 행동은 다른 사람으로부터 인정을 받게 된다. 공자의 제자 자하[14]는 "현자를 존중하고 여색을 멀리하며, 부모를 모심에 있어 전력을 다하고, 군주를 모실 때는 자신의 목숨을 바치고, 친구와 사귐에 있어 성실하고 신용을 지킨다면, 이런 사람은 자기 자신이 배우지 못했다고 말하더라도, 나는 반드시 그가 배움이 깊다고 말할 것이다."[15]라고

---

14. 자하(子夏)는 춘추시대 말기 진(晉)나라 출신이다. 공자의 10대 제자 중 한 명으로,『논어』의 내용 중 절반 이상을 저술한 것으로 알려졌다.

15. 『论语·学而第一』 : "贤贤易色 ; 事父母, 能竭其力 ; 事君, 能致其身 ; 与朋友交, 言而有信. 虽曰未学, 吾必谓之学矣."

말했다. 사람들이 규범을 배우는 데 어떤 특별한 자격이 필요하지 않은 까닭은 대다수의 사람이 이런 윤리 또는 규범에 대한 지식에 접근할 수 있기 때문이다. 단순한 사회에서 이런 지식은 구두로 전수되고 반복을 통해 학습된다. 공자가 사용한 '습'習(배우다 또는 연습하다)이라는 단어는 강연을 통해 지식을 얻는 과정을 묘사한 것이다. 공자 시대에 지식은 책을 통해 얻는 것이 아니었으며, 당시에는 글을 아는 것이 아직 그다지 중요하지 않았다. 전하는 말에 의하면 공자가 "태묘太廟(왕실의 종묘)에 들어가 (제사를) 지내면서 일일이 절차를 묻자, 어떤 사람이 '누가 공자가 예를 안다고 했느냐? 그는 태묘에 들어온 후 모든 절차를 다른 사람에게 물었다.'라고 말했다. 공자가 이 말을 듣고 '그것이 바로 예다.'라고 답했다."[16] 그뿐만 아니라 자공이 "공문자[17]가 어떻게 명성을 얻게 되었느냐"고 묻자, 공자는 "공문자는 총명하고 배우기를 좋아했으며, 자기보다 못한 사람에게 묻는 것을 부끄러워하지 않아서 명성을 얻게 되었다."[18]라고

---

16. 『论语·八佾』: "子入太庙, 每事问. 或曰 : '孰谓鄹(춘추시대 노나라의 지명)人之子知礼乎? 入太庙, 每事问.' 子闻之, 曰 : '是礼也.'"

17. 공문자(孔文子, 본명은 에圉)는 위나라 대부로, 총명하고 배우기를 좋아했으며 매우 겸손했다고 한다. 사후에 위나라 왕으로부터 '문'(文)이라는 시호(謚号)를 하사받았다.

답했다.

　그러나 사람의 생활이 점점 더 복잡하게 변하면서 행위규범의 전파는 사람의 입에만 의존할 수 없게 되었다. 이로 인해 과거와는 다른 형태들과 자료에 대한 연구를 통해 올바른 판단을 입증해야 할 필요성이 대두되었다. 공자는 "하(夏)나라의 제도에 대해서는 내가 서술할 수 있지만, 기(杞)[19]나라에 대해서는 문헌 자료가 부족해 충분히 입증할 수 없고, 은(殷)나라의 제도에 대해서는 내가 충분히 입증할 수 있지만, 송(宋)나라에 대해서는 문헌 자료가 부족해 충분히 입증할 수 없다. 만약 자료만 충분하다면, 충분히 입증할 수 있을 것이다."[20]라고 말했다. 윤리적 가치들이 더 이상 구전되지 않고, 대신 주로 문서자료를 통해 전승되게 되면서 누구나 문서자료에 접근할 수 없게 되었고 글을 아는 것이 매우 중요하게 되었다. 이로 인해 글을 읽을 수 있

---

18. 『论语 · 公冶长』 : "孔文子何以谓之'文'也?, 敏而好学, 不耻下问."
19. 기나라는 하나라 때부터 전국 시대 초기까지 존재했던 제후국으로 하(夏)나라를 건설한 우(禹)의 후예로, 수도는 현재의 허난성(河南省) 치현(杞县)이다. 제후의 성은 사(姒). 상나라에 의해 멸망했다가 주 무왕에 의해 다시 재건되었다. 세력이 약해 수차례 수도를 옮겨야 했으며, 기원전 445년 초나라에 의해 멸망하였다.
20. 『论语 · 八佾』 : "夏礼吾能言之, 杞不足徵也 ; 殷礼吾能言之, 宋不足徵也. 文献不足故也. 足, 则吾能徵之矣."

는 특정한 부류의 특수한 사람들, 즉 사대부(지식인) 계층이 발전하게 되었다.

전통적인 중국 민간사회에는 항상 일종의 구비口碑문학이 존재했다. 그러나 관방에서 유일하게 인정한 고전 문학은, 문서로 전해 내려온 신성한 의식이나 음악歌曲 및 점성술 체계, 그리고 왕조의 역사와 그 가족들의 족보에 관한 것 등으로, 항상 일반 민중과는 일정한 거리가 있었다. 성인들의 가르침을 기록한 공식적인 역사 기록은 사람을 지도하는 역할을 할 수 있지만, 일상생활에 바쁜 농민들에게는 그다지 실질적인 가치를 주지 못했다. 그 이유는 문헌의 내용이 이해하기 어려울 뿐 아니라, 고어古語의 구조 자체가 구어체와 완전히 다르기 때문이었다. 언변이 뛰어난 학식 있는 사람이라고 해서 반드시 뛰어난 작가가 될 수는 없다. 문학작품을 쓰는 능력은 우연히 얻어진 것이 아니며 엄청나게 많은 노력을 기울여야 한다. 상형문자는 매우 배우기 어려워 자주 사용하지 않으면 쉽게 잊어버린다. 어려운 경제 상황에서 아주 적은 수의 사람만이 시간을 내어 공부할 수 있는 충분한 여유를 누릴 수 있다. 농업은 중국인의 주요 생업이고 농민들은 땅을 경작하는 데 오랜 시간 동안 자신의 정력을 쏟아부으면서도 적은 수입에 만족해야 했다. 이런 사람들이 오랫동안 여가 시간을 갖기란 불가능했다. 필자가 『진흙 땅 중국』泥土中国, *Earthbound China*의 「루춘의 농경지」禄村农田에서 묘사한 것처럼,[21] 생산 활동과 여가생활은 상호 배타적이어서 다른 사람의 생산물을 얻지 못하는 사람은 육체노동에서 해방될 수 없다. 이 때문에 여가 시간을 가질 수 있는 사람은 반드시 대지주로서 지대나 이자 수입만으로 생활을 충분히 유지할 수 있는 사람들이다. 이런 가치관을 가진 사람은 필연적으로 특정한 경제 계층에 국한되며, 이들은 대중의 이익을 대표하지 않는다.

맹자는 "정신노동자는 육체노동자의 지지를 받는다."고 말했는데, 사실 내가 보기에는 문자(문학 또는 학문)를 아는 사람들만이 지지를 받을 수 있다. 그러나 이것이 모든 정신노동자가 다른 사람의 지지를 받을 수 있다는 의미는 아니다. 그들은 두 손을 이용해 일할 필요가 없으며, 단지 두뇌를 사용해 일할 수 있거나 또는 그런 방식으로 일하기

---

21. *Earthbound China : A Study of Rural Economy in Yunnan* (Routledge & Kegan Paul, 1948). 페이샤오퉁이 1938년 11월 중순부터 한 달간 그리고 다음해 8월 두 차례에 걸쳐 윈난성(云南省) 루춘(禄村)을 현지조사한 후 쓴 책으로 『장춘경제』(江村经济, 페이샤오퉁의 영국의 런던대학 박사학위 논문, 1938)의 속편이다. 많은 인구와 좁은 토지로 특징 지어지는 전통적인 촌락의 발전 방안에 대한 그의 고뇌가 담겨 있다.

를 원할 뿐이다. 이렇게 다른 사람의 지지를 받는 특권적인 사람들은 기술을 배울 필요가 없을 뿐 아니라 행위규범 역시 배울 필요도 없기 때문에 단지 기생적인 삶을 영위하게 된다. 그러나 이런 상황에서 그들의 특권적 지위는 안정적이지 않다. 따라서 이들의 특권은 일부 세력의 지지를 필요로 하는데, 바로 이 때문에 그들은 물리력에 기초한 정치권력에 의지하거나 사회적 권위에 의지하게 된다. 이런 계급의 사람들이 관리가 되기 위해서는 교육을 받아야 할 뿐 아니라 반드시 특권을 얻어야 한다. 문자를 알고 있는 특권계층과 정치권력이 결합해 이 특권계급을 지지하게 된다. 그들은 비교적 높은 경제적 지위, 좀 더 많은 교육 받을 기회, 그리고 노동계급과의 분리로 인해 결과적으로 비교적 높은 사회적 권위를 갖게 된다. 마지막으로 그러나 가장 중요하지만은 않은 한 가지 사실은 그들이 모든 유형의 실질적인 기술 지식과 분리된다는 사실이다.

위에서 설명했던 것처럼, 기술 지식은 반드시 윤리적 가치와 관계를 맺고 있다. 그러나 일단 지식의 가치와 글을 아는 것이 아주 밀접하게 연관을 맺고 이것이 한 계급에 의해 독점되면서 지식과 기술이 분리되었다. 그리고 일단 이러한 관계가 단절되면서 기술의 진보가 제한을 받게 되었다. 자연계에 대한 기술은 반드시 어떤 사회제도와 융화될 때 비로소 유용한 것, 다시 말하면 인민의 생활을 변화시키는 기술로 변화한다고 나는 앞에서 주장했다. 그러나 만약 백성의 생활을 책임져야 하는 통치계급이 기술 지식에 대한 이해가 전혀 없다면, 그들은 기술수단을 써 백성이 필요한 업무를 처리할 수 없을 것이다. 예를 들어, "노동을 전혀 하지 않으면서, 오곡도 구분할 줄 모르는 사람"들이 토지경작 기술에 대한 결정권을 가지고 있다면, 그들은 현재 사용하고 있는 전통적 경작방식을 교란하는 더 선진적인 기술을 도입해 생산력을 개선하려 하지 않을 것이고 또는 그런 의지를 갖지도 않을 것이다. 생산자들이 직접 결정권을 갖고 있을 때만 현대 기술의 진보가 가능하다. 일단 이런 결정권이 실질적인 생산자와 분리되면, 기술의 진보는 멈추게 될 것이다.

전통 중국 사회에서 하나의 계급으로서의 지식인은 기술 지식을 갖지 못한 계급이다. 그들은 역사에 대한 지혜, 문학적 소일消遣 및 자신의 예술적 재능의 표출에 기초해 권력을 독점했다. 중국의 문자언어는 과학 또는 기술 지식을 표현하기에 별로 적합하지 않다. 이 점은 전통적인 중국 모델에서 기득권자들이 생산력 개선에 대한 어떤 의욕도 없이 오로지 자신의 특권을 공고히 하는 일에만 몰두했다는 점에서도 드러난다. 그들의 주요 임무는 전통적 규범을 영구화하는 것이었다. 오로지 인간관계만을 통해 세상을 보는 사람들은 보수적인 경향이 있는데, 그 이유는 인간관계에서 사람들의 목적은 항상 상호 조정이기 때문이다. 그리고 조정 후의 균형은 오직 안정적이고 변화하지 않는 자연과 사람의 관계에서만 수립될 수 있기 때문이다. 다른 한편으로 순수하게 기술적 입장에서 보면, 사람들이 자연에 대해 어떠한 제한을 가하는 것이 매우 어렵다. 기술의 진보를 강조하는 과정에서 일단 사람이 자연을 통제하려는 싸움에 돌입하면 자연은 끊임없이 변화하고 지속적으로 효용을 생산하게 되고 또 이러한 기술의 변화는 사람과 사람간에 충돌을 불러일으킬 수 있다. 중국의 지식인들은 세계를 인문적으로만 판단했다. 그들은 기술적 지식이 없었기 때문에 기술의 발전에 대해 평가할 수 없었다. 따라서 인간과 인간의 관계가 개선될 수 있을 것이라는 어떤 희망도 가질 이유가 없었다.

4장

중국 농촌의
기본 권력구조

황권의 무위정책

중국에서 중앙집권적 정치체제는 매우 오랜 역사를 갖고 있다. 기원전 221년에 진시황秦始皇이 봉건제를 폐지하고 군현제를 설립한 이래로, 이론적으로 보면 지방의 관리는 항상 중앙정부에서 임명하며, 지방의 관리는 자신의 고향에서 재직할 수 없었다. 이때부터 중국의 정치체계는 완전히 상부에 있는 한 사람에 의해 통제되었으며, 지방의 관리들은 전적으로 수동적인 상황에 처했고 지역의 이익에 대해서는 발언권을 가질 수 없었다. 만약 이것이 사실이라면, 전체 인류사에서 중국의 정치체계는 가장 독재적인 제도였다. 따라서 인민이 완전히 통제된 경우를 제외하면, 이런 중앙집권제가 유지되기란 매우 어려웠을 것이라는 점은 매우 분명하다. 특히 중국처럼 거대한 영토를 가진 나라에서 교통체계는 로마제국과 비교할 수 없을 정도로 낙후하고 강력한 주둔군도 없었다. 어떠한 정치제도도 인민의 적극적인 지지 또는 최소한 그들의 용인이 없다면 장기적으로 유지하기 어렵다. 바꿔 말하면 어떤 정치체제도 상부에서 하부로 지시하는 하나의 단선적인 방식만으로는 발전할 수 없으며, 어떤 정치체제도 인민의 의견을 완전히 무시할 수 없다. 이것은 하부의 견해가 상부로 전달되는 모종의 수평적인 경로가 반드시 존재해야 한다는 것을 의미한다. 하나의 완전한 정치체제가 유지되기 위해서는 반드시 이러한 두 가지 소통 방식, 즉 상부에서 하부로, 그리고 하부에서 상부로 의사가 전달되는 경로를 보장해야 한다. 현대적인 민주제도에서는 이러한 현상들이 아주 뚜렷하지만, 소위 말하는 전제專制적인 정치체제에서도 이러한 흔적을 발견할 수 있다. 전제적 통치 아래서 하부에서 상부로 소통하는 경로가 파괴되면 폭군이 출현하며 그 결과 심각한 재난이 초래된다. 중국의 전제주의 체제에서도 전제적 폭군들은 항상 통치과정에서 몇몇 비공식적인 통로를 갖고 있었으며, 이런 경로를 통해 민심을 수렴했다고 주장했다.

중국의 전통적 정치체제에서 전제군주가 통제 불능의 폭군이 되지 못하게 제어하는 두 가지 방법이 있다. 하나는 중국 정치철학 중의 무위無爲사상으로 이 개념은 다년간의 경험을 통해 형성된 것이다. 중국 역사에서 정치권력이 민초들의 생활에 간섭하는 것을 장려하는 이론은 극히 드물었다. 현실주의자이자 유물론자인 법가사상의 한비자韓非子는 정부의 개혁과 부국富國론을 제기했으며, 그와 그의 제자들은 국가가 법에 의해 통치되는 법가사상을 완성했다. 그러나 전체 중국 역사에서 전통적 학자의 시선으로 보면 한비자는 황권에 의해 무시를 당했고, 그의 삶의 비극적 결말은 그와 유사한 방식을 따르고자 하는 사람들에게 보내는 경고였다. 또 다른 두 명의 유명한 개혁가, 한나라의 왕망王莽, 기원전 45~기원후 23과 송宋나라의 왕안석王安石, 1021~1086은 정부가 사회적 개혁을 단행하기를 희망하면서 무위 정책에 반대했으나, 두 사람 모두 실패했다.[1] 왕망과 왕안석의 개혁정책에 공감하는 사람들은 이 두 사람이 반대파의 방해로 목표를 달성하지 못했다고 말할 수 있지만, 이 개혁가들 중에서 법으로 군주의 권력을 제한하려고 했던 사람은 한명도 없으며, 동시에 자신의 이러한 개혁적 조치들이 전체 또는 일부 인민에 의해 받아들여질 수 있을 것인지 대해 연

---

1. 거의 1천 년의 시차를 두고 실시된 왕망과 왕안석의 개혁정책은 현상유지를 원하는 당시 기득권 세력의 강력한 반발로 좌절되었다. 왕망은 지방호족의 대토지 소유를 제한하고 자영농민의 빈민화를 막기 위해 주(周)의 정전법(井田法)을 모방하여 토지개혁을 단행했으며, 가난한 농민에게 싼 이자의 자금을 융자하여 주는 사대제도(賒貸制度)를 실시하고 노비 매매를 금지시키는 등의 개혁정책을 실시했다. 하지만 호족들의 이해에 반하는 정책을 무리하게 시행하면서 강력한 반발을 초래했고 결국 실패했다. 왕안석 또한 1069년 균수법(均輸法)을 시작으로 청묘법(青苗法), 모역법(募役法), 보갑법(保甲法), 방전균세법(方田均税法), 시역법(市易法), 보마법(保馬法) 등의 신법(新法)을 잇달아 실시했지만 대지주와 대상인, 고리대업자들과 정부 안의 보수파의 반발에 부닥쳐 실패하고 말았다.

구한 사람도 없었다. 실제로 정부가 제기한 정책을 어떤 방식으로 인민의 의지와 결합하려 했는지를 설명해 주는 증거는 찾아볼 수 없다. 통제받지 않는 군주의 권력과 정부의 뜻을 인민에게 강요하는 정책은 자연스럽게 정치권력과 인민의 충돌로 귀결된다. 서구 정치사에서 이런 경향은 정치권력으로 하여금 점점 더 인민에 대한 책임과 통제를 방기하도록 했다. 그러나 고대 중국에서의 장기적인 정치적 전략은 정치권력을 중립화하는 것이었다. 이런 통치방식 아래서 인민은 여전히 편안한 생활을 즐기기 어렵다(동시에 이런 체제하의 일부 개혁적 정치가들은 자신이 반대한 사람들보다 더 전제적이었다). 무위론은 정치 문제를 처리하는 한 방식으로, 입헌적인 정치체제에서의 적극적인 억압정책이라기보다는 정치적 전제주의에 반대하는 첫 번째 예방책일 뿐이다.

우리는 이런 방식이 근대적인 삶에서 효과적이지 않다는 점을 인정한다. 그 이유는 우리가 전체 국가구성원의 생활과 관련된 조처를 하는 중앙정부의 권력에 의존할 수밖에 없기 때문이다. 그러나 경제적 자급자족 사회에서 지역사회 위에 군림하는 어떤 권위체제를 수립할 필요는 없다. 입헌 정치체제는 근대의 성과물이다. 서구에서 입헌 정치체제가 발전하기 전에 정치권력은 전통적인 도덕 관념의 통제를 받았으며, 이런 상황에서 교회의 초자연적 권위가 강화되었다. 미국 헌법 초안은 근대 산업이 발전하기 전에 작성된 것이어서 가장 작은 정부가 가장 좋은 정부라는 관점을 내포하고 있음을 발견할 수 있다. 그러나 중국의 인민이 원했던 것은 법률이 아니라 군주의 절대적 권력에 대한 이론적 통제였다. 이 점이 바로 공자학파의 사상이 끼친 영향이고 이로 인해 정치권력의 남용이 일정 정도 감소했다.

하부에서 상부로 의사가 전달되는 정치적 경로

여기서 내가 중점적으로 논하고자 하는 것은 첫 번째 예방책이 아니라 두 번째 예방책이다. 중국의 전통 정치과정을 살펴보면 한편으로는 윤리이념으로 정치권력에 대한 통제를 시도하고, 다른 한편으로는 행정체계의 범위를 제한하는 것으로, 어떻게든 중앙정부의 권력이 기층 민중에게 직접적인 영향을 미치지 못하고 겉돌게 하는 것이었다. 좀 더 직접적으로 말하자면 중앙정부에서 파견한 관리들의 힘이 지역(현급) 관청까지만 미칠 수 있도록 했다. 일반적으로 중국의 행정체계를 연구하는 학자들은 현縣급 관청과 개별 가정의 대문 사이의 관련성에 그다지 주의를 기울이지 않았다. 그러나 사실 이런 관계는 매우 흥미롭고 또 중요하다. 그 이유는 이 관계가 바로 중앙권력 기관과 지역의 자치 사회가 결합하는 지점이기 때문이다. 이러한 연결지점을 이해해야만 우리는 중국의 전통체제가 실제로 어떻게 작동하는지에 대해 이해할 수 있다.

지역 관청에서부터 이야기를 시작해 보도록 하자. 나는 이미 "과거에는 현 이하의 어떠한 행정단위도 인정하지 않았기 때문에, 중앙정부가 파견한 관리는 현까지만 장악할 수 있었다."고 언급했다. 황제를 대표하는 현의 책임자는 부모관[2]으로 불리고, 이들은 백성과 밀접한 관계를 갖고 있었다. 그러나 사실 이런 관리들이 근무하는 장소는 일반 백성이 접근하기에 (그 장벽이) 하늘처럼 높아서 실제로는 백성의 접근이 불가능하며, 관청은 아무나 자유롭게 드나들 수 있는 곳이 아니었다. 따라서 이들 관리와 자녀 격인 백성 사이에는 중개인이 존재했다. 관청과 백성, 즉 통치자와 피통치자들을 실제로 연결해 주는 역할을 한 이들은 관청의 하인(조예皂隸)이었다.[3] 이 관청의 하인들은 중국 사회

---

2. 부모관(父母官)은 고대 중국에서 주(州)와 현의 책임자에 대해 백성이 사용하는 존칭이었다.

의 계급 가운데 가장 낮은 계층에 속하는 사람들이다. 이들은 대부분의 권리를 박탈당했으며 그들의 아들은 과거 시험에 응시할 수도 없었다. 중국의 권력구조에서 이 점은 상당한 의미가 있다. 그 이유는 이런 지위에 있는 사람들이 가장 쉽게 권력을 남용할 가능성이 있기 때문이며, 따라서 이들을 철저하게 통제해야 했다. 만약 사회에서 이런 사람들을 경계하면서 압박하고 또 이들의 사회적 체면과 지위를 통제하지 않는다면, 이들은 늑대처럼 위험한 사람으로 변할 가능성이 있다. 그러나 사실 이들이 권력을 남용하더라도 이들의 사회적 신분이 상승할 가능성이 거의 없었기 때문에, 이들을 상대하는 것이 그다지 어렵지는 않았다.

무위정책이 실행되는 정치체제에서 지방의 관리들이 할 수 있는 일은 그리 많지 않았다. 그 때문에 수많은 관리들이 대부분의 시간을 유람하는 데 소비하거나 자신의 문

---

3. 조예는 이들이 주로 검은(皂)색의 의복을 착용한 데서 유래한다. 춘추시대의 등급에 의하면, '조'는 관청의 문지기(卫士)로 공식 직위는 없지만 관청의 인원에 포함된 사람이고, '예'는 죄를 짓고 감옥을 사는 대신 관청에서 잡일을 하는 사람을 지칭했다. 이들 대부분은 일반 백성들이었고, 돌아가면서 관청을 위해 일하거나 범죄를 짓고 감옥에 가는 대신 관청을 위해 일정 기간 동안 노역해야 했다. 이들은 다시 정무를 돕는 관노(皂, 隶, 輿, 閣, 司宮, 寺人 순)와 관리들의 일상생활을 돕는 사노(僚, 仆, 台, 圉, 牧, 竪, 奴, 婢, 徒人 순)로 나눠졌다.

학적 소질을 개발하는 데 사용했음을 역사가 우리에게 보여 주고 있다. 그들이 하는 업무라고는 세금을 거둬들이고 판결判案을 내리는 두 가지가 주된 것이었다. 전통적 관념에는 소송이란 것이 없기 때문에 그들이 판결을 내리는 업무에서 할 수 있는 일은 거의 없었다. 정부에서 일하는 하급 관리들의 직무는 백성이 질서를 지키도록 관리하고 세금을 거둬들이며, 필요할 때는 노동력을 징집하는 것이었다. 현청이 실질적으로 행정의 기본단위였다면 명령이 각 가정에 직접 전달되었을 것이다. 그러나 사실은 그렇지 않았다. 현청의 명령은 각 가정에 직접 전달되는 것이 아니라 각 지방의 자치단위(윈난雲南에서는 이런 자치단위를 공공가정公共家庭 또는 공가公家라고 불렀다.)에 전달되었다. 나는 이런 조직을 '자치단위'自治單位라고 부르는데, 그 이유는 이런 공가는 그 지역 사람들이 조직해 자기 지역의 공공업무를 담당했기 때문이다. 공가가 담당한 공공업무에는 관개 사업·자체 방어·사람들 간의 분쟁 조정·상호원조·오락 및 종교 활동 등이 포함되었다. 중국에서 이런 일들은 지역사회에 속한 업무이며, 계속 이어져 내려온 전통에 근거해 말하자면 이러한 일들은 정부의 업무가 아니라 그 지역에서 비교적 잘 교육받고 부유한 집안의 책임자의 지휘하에 처리해야 할 업무들이다. 예를 들어 관개수로 사업은 학자가 아니라 이 문제에 실질적인 책임을 지고 있는 사람이 결정하고, 일반적으로는 학식이 높은 사람일수록 더 큰 권위를 갖고 결정을 내릴 수 있다고 생각했다.

그러나 지방의 공공업무를 결정하는 것 외에 공가의 또 다른 중요한 기능은 백성을 대표해 정부와 소통하는 일이다. 지역자치와 정부와의 소통이라는 두 가지 기능을 내가 구분하는 것은 타당한 이유가 있다. 공가의 최고 책임자는 지방관청의 어떤 직책도 맡지 않으며, 대신에 자신의 지역을 대표해 정부와 접촉하는 특별한 사람이었는데, 이들을 향약乡约(윈난 지역에서 이런 명칭을 사용했다)이라고 불렀다. 내가 앞에서 언급했던 것처럼, 법적으로 보면 정치체제에서는 하부로부터 상부로 향하는 경로를 인정하지 않는데 그 이유는 황제의 권위는 절대적이며 황제의 명령에 반항하는 것은 범죄이기 때문이다. 그러나 실제 생활에서 백성이 황제의 명령에 반드시 복종한다는 점을 보장할 수 없다. 따라서 실질적인 집행 과정에서 반드시 백성과 관계를 맺으면서 그들의 상황을 이해할 수 있는 방법이 필요했다. 정부의 하급 관리들은 명령을 공가가 아니라 향약에 전달한다. 향약의 책임자는 각 지역사회의 구성원들이 차례로 돌아가면서 맡게 되는데, 진정한 힘이나 영향력이 없으면서 단지 상부에서 하부로 명령이 전달되는 경로의 종착점 역할만을 수행하기 때문에, 매우 곤혹스러운 직책이었다. 그는 정부의 명령을 전달받은 후 공가의 책임자에게 보고하고, 공가의 책임자는 다시 (지역의) 찻집에서 신사계급의 지도자들과 정부의 명령에 대해 상의하고 만약 이 명령을 받아들일 수 없다는 결정이 내려지면 반대를 표명한 후 정부의 명령을 다시 향약에 전달한다. 이 불행한 향약은 결국 신사계급의 지도자들과 결정한 내용을 다시 관청에 보고하고 자신의 업무능력 부족에 대해 관청의 질책을 받게 된다. 그러나 이런 방식은 백성이 직접적으로 복종을 거부하는 것이 아니라 일종의 우회 방식을 통해 표출하는 것이기 때문에, 황제의 위상이 보호받을 수 있었다. 그 사이에 비공식적인 담판이 진행된다. 이 과정에서 지역사회의 지도자로서 신사는 관리와 동등한 지위로 대우받고, 이들은 우호적으로 관청을 방문해서 정부의 지시에 대해 토론한다. 지역의 신사들과 지방 관리 사이의 담판에서 의견의 일치를 보지 못하면, 신사들은 도읍에 있는 자신의 친구나 친척에게 도움을 청해서 상급 관청의 관리에게 문제해결을 요청하게 되고, 어떤 경우에는 직접 최고 결정권자에게 문제의 해결을 요청하기도 한다. 결국 쌍방은 일정한 합의에 도달하게 되고, 중앙정부가 자신의 명령을 변경하면서 문제가 해결된다.

이런 체계에 의하면, 지역의 지도자는 정부의 하급관리들과 접촉하지 않는다. 그러나 만약 자치조직이 정식 행정단위가 된다면 하부에서 상부로 소통 경로가 막히게 될 것이다. 아문의 책임자는 자신보다 직급이 낮은 사람들과 자유로운 토론을 진행하는 대신 관료조직 밖의 사람들이나 기타 사회적 지위가 자신과 동등한 사람들과만 토론을 진행할 것이다. 청나라(1644~1911) 때, 현에서 실시한 과거시험에 합격한 한 사람이 자신의 명함을 사용해 지방 관리를 방문했는데, 이 행위로 그가 직위를 박탈당한 것을 제외하면 그는 학자로서의 특권을 계속 유지할 수 있었으며 체벌도 면했다. 게다가 후자, 즉 학자로서의 특권 유지를 결정할 권리는 현청 관리에게 있는 것이 아니라 그 지방의 교육 문제를 담당하는 관리에게 있었다. 따라서 신사라 불리는 사람들은 충분히 관리들과 교류할 수 있었다.

상술한 간단한 설명에서 다음과 같은 몇 가지 문제가 명확하게 설명되었기를 기대한다. 1) 전통적인 중국의 권력 구조에는 두 가지 서로 다른 계층이 존재하는데, 정점에는 중앙정부가 있고 밑바닥에는 신사계급이 이끄는 지역의 자치조직이 있다. 2) 지역의 자치조직에는 중앙정부의 권위에 대한 사실상의 규제가 존재한다. 지역사회에서 발생한 사안은 그 지역의 신사가 관할하고, 중앙정부는 개입하기가 매우 어렵다. 3) 법적으로는 오직 상부에서 하부로 지시하는 중앙정부의 명령체계가 존재하지만, 실제 생활에서는 중앙정부의 하급 관리들과 지방에서 선출된 향약 또는 이와 유사한 역할을 하는 인물들 간의 중재를 통해 상부의 불합리한 명령을 다시 되돌려 보낼 수 있다. 이러한 하부로부터 상부로의 영향력은 중국의 공식적인 정치제도를 논하는 과정에서 통상적으로 인정하지 않지만, 실제 생활에서는 효력이 있었다. 4) 신사계급이 하부로부터 상부로 영향을 미치는 구조는, 관직에 있는 친척이나 자신과 함께 과거를 치른, 관직에 있거나 관직에서 물러난 친구들을 통한 비공식적인 압력에 의해 진행되는데 이런 방식으로 신사들의 영향력은 어떤 때에는 심지어 황제 본인에게까지 직접 도달하기도 한다. 5) 소위 말하는 자치조직이 생기게 된 이유는 지역사회의 실질적인 필요성 때문이다. 이런 조직의 힘은 중앙정부에서 나오는 것이 아니라 지방의 민중에게서 나온다. 중앙정부가 제한적인 세금징수나 징집을 실시할 때, 사람들은 '하늘은 높고 황제의 권력은 멀리 떨어져 있다.'는 사실을 느끼게 된다. 중앙정부와 지방정부 간에 일정하게 접촉을 유지해야 할 필요성이 존재한다는 것은, 지역의 신사계급이 항상 지방조직들 사이에서 주도적인 지위를 차지하고 있다는 사실을 의미한다.

지역 자치단체의 파괴

위에서 언급한 권력 구조에 대한 내용 중 '비효율'이란 표현이 비하하는 의미는 아니다. 사실 여기서는 효율성이 필요하지 않은데, 그 이유는 백성과 직접 관련된 일의 다수가 정부의 공식적인 체계 밖에서 진행되기 때문이다. 지역에서 자치단체들의 업무는 그 지역의 필요와 그 문제에 대한 지역의 태도에 따라 결정된다. 때로는 자치단체들이 백성의 구체적인 일상의 문제들에까지 개입하려고 시도한 적도 있다. 예를 들면, 윈난성의 한 부락에서는 부부가 아이를 낳지 않으면 상징적으로 한 차례 체벌을 가하거나 소액의 벌금을 부과하기도 했다. 전통적, 종교적 행사는 지역조직에 의해 유지되었다. 전국에 산재한 지역의 자치조직들이 모든 사안을 처리했기 때문에, 단 두 가지 사안, 즉 세금과 부역에 대한 요구 외에 별로 할 일이 없는 황제는 자신이 통치하는 나라가 안전하고 평화롭게 운영되는 것을 기쁘게 지켜보고만 있으면 되었다. 어떤 의미에서 보면 비효율적이고 시나 쓰면서 소일하는 관리들의 존재는 백성에게는 일종의 축복이었다고 할 수 있다. 그러나 이런 제도는 고도의 자급적인 경제 조건 아래서만 가능했다. 마을과 마을 간에 분쟁이 많아지고, 대규모의 관개 사업이나 또 다른 공공사업 계획 혹은 전쟁이 발생하는 경우 비효율적인 중앙정부의 존재는 곧바로 재앙이 될 것이다. 이런 경우들은 중국 역사에서 쉽게 찾아볼 수 있다. 중국 경제의 발전은 중앙정부의 업무를 증가시켰다. 이론적으로 보면 중국은 이미 고도로 발달하고 권력이 집중된 정치체제를 갖추고 있었기 때문에 정부 자체가 변화할 필요는 없으며, 단지 필요한 것은 정부의 업무처리가 좀 더 효율적으로 변하게 하는 것뿐이다. 사실 법적으로 보면 중앙정부의 권력은 제한을 받지 않기 때문에 이러한 정부의 효율성을 제고시키는 것은 독재 권력의 첫 번째 방어선을 파괴할 수 있다. 그러나 결국 아무런 일도 하지 않는 무위정책은 권력에 대한 아주 소극적인 견제 수단인데 이런 방식은 근대사회에서는 실제로 유지하기 어렵고, 이런 정책의 쇠퇴에 대해 아쉬움을 가질 필요는 없다. 그러나 두 번째 방어선, 즉 고도로 발달한 지방의 자율적 통치체제가 파괴되고, 예를 들어 당시 좀 더 효율적이라 여겨지던 보갑(保甲)제도4가 도입(혹은 재도입)되는 것은 또 다른 문제이다.

보갑제가 가져온 변화는 위에서부터 아래로 소통하는 정치 경로이며, 이로 인해 중앙정부의 명령을 직접 각 가정에 전달하고 이는 각 가정을 국가의 감시체계로 편입시켰다. 보갑제도의 도입에는 상당한 이유가 있다. 과거의 전통적인 체제에서는 정부의 행정력이 철저하지 못해 종종 장애가 발생했기 때문에 중앙정부의 명령이 사실상 절반 정도밖에 집행되지 못했다. 따라서 중앙정부 입장에서는 모든 사안을 지방조직을 통해 처리하는 것보다 직접 백성들과 소통하는 방식이 더 효율적이었다. 그러나 보갑체계가 20세기 1930년대에 다시 등장했을 때 그 의도는 지방 자치

---

4. 보갑제는 중국의 봉건체제하에서 오랫동안 실시된 통제수단으로, 한 가족을 사회조직의 기본단위로 설정해 여러 가족을 하나의 감시체제로 묶어 지역사회를 통제한 감시체제다. 한대(汉代)에 처음으로 다섯 가족, 열 가족 그리고 1백 가족을 각각 오(伍), 십(什), 리(里)로 묶어 통제하는 방식이 등장했고, 당대(唐代)를 거쳐 북송(北宋)의 왕안석이 열 가족을 일 보(保), 다섯 보를 대보(大保), 열 개의 대보를 도보(都保)로 구성했다. 원대(元代)에 이십 가족을 하나의 갑(甲)으로 구성하는 갑제도가 처음으로 실시되었고, 청대(清)에 십진수를 단위로 하는 보갑(保甲)제가 실시되었다.

정부의 기능을 활성화하자는 의도였다. 따라서 아래로부터 위로의 소통구조를 인정하는 것은 진정한 민주적 대의제를 건설할 가능성을 인정하는 것이었지만 실적적인 민주적 대의제는 실현되지 못했다. 보갑체제는 일정한 결함을 내포하고 있었는데 그것은 바로 이 제도가 민주적 대의제에 적응하지 못했다는 사실이다. 보갑제도에 의거해 백성은 일률적으로 숫자 단위로 조직되었다. 약간의 변화가 있었지만 이러한 조직은 필연적으로 현실 사회의 사회집단들과 조화를 이루지 못했다. 한 지역사회의 크기는 역사적·사회적 역량에 의해 결정될 뿐이며, 우리가 한 가정이나 지역에 대해 그들의 구성원을 증가시키고 이 제도에 적응하라고 강요할 수는 없다. 보갑체계의 일률적인 원칙은 사실상 행정상의 편의, 특히 징집의 편리함 때문에 고안된 것이어서 지방자치의 원칙은 이미 약화하였다. 일반적으로 한 지역이 몇 개의 갑으로 나뉘고, 동시에 몇 개의 서로 관계가 없던 단위들이 하나의 보를 형성하기 때문에 그 결과는 엉망진창이 되고 만다. 사실상 두 개의 중첩되는 체제가 존재하게 되었는데, 하나는 상층에서 강요한 보갑제이고, 다른 하나는 현재 이미 불법화된 자연발생적 지방조직으로, 이 두 체계 사이에 충돌이 발생했다.

두 가지 경로의 폐기

충돌을 가져온 가장 심각한 요인은 보갑의 책임자인 보장保長을 선택하는 지점에서 발생했다. 보갑은 중앙정부의 명령을 집행하는 행정체계이면서, 동시에 지방의 공공업무를 지도하는 합법적인 조직이었다. 중국의 전통적인 체계에서 이 두 가지 기능의 집행은 서로 다른 세 개의 조직, 즉 정부의 하급 관리, '향약'이나 지역 대표 또는 중개인, 그리고 지방 신사계급의 대표가 담당했다. 그러나 지금은 이 세 조직의 역할이 보장 한 사람에게 집중되어 있을 뿐 아니라, 그들이 집행하는 문제는 항상 백성이 수용한 중앙정부의 명령이었다. 그러나 실질적인 어려움들이 새로운 체계의 결과로서 발생했다. 우선, 지역사회에서 특권을 가진 일부 인사들은 일반적으로 보장이 되기를 원하지 않았다. 관리들과 동등한 지위를 유지하기를 원하는 지역의 신사들은, 자신의 신분을 격하시켜서 결과적으로 상부의 지시를 받기만 하고 협상은 진행할 수 없는 이런 지위를 수용할 수 없었다. 사실 보장의 중재자로서의 역할은 '향약'의 그것과 같지만, 보장과 향약의 실질적인 역할은 완전히 다르다. 향약은 아무런 권한이 없었지만, 보장은 법적으로 동급인 지방의 수장과 동일한 지위를 인정받았고, 공금을 관리하고 지방업무를 처리할 수 있는 권한을 갖고 있었다. 문제는 중재 기능과 행정 기능이 혼재한다는 점이었다. 활동력이 강한 보장은 지역의 신사계급과 충돌할 가능성이 매우 컸을 뿐 아니라, 이런 충돌과정에서 정부와 지역의 이익 사이에서 더 이상 교량 역할을 할 수 없었다. 자신의 이익과 권력을 위해 보장이 된 지역 신사계급의 책임자는 더 이상 상부의 명령을 반대할 수 없었기 때문에, 실제로 더 어려운 상황에 부닥치게 되었다. 이 때문에 지역사회는 정치체계 안에서 절체절명의 위기에 직면하게 되었다. 이제 백성은 중앙정부에 반대의견을 전달하는 경로를 상실해 버렸으며 도저히 참기 어려운 상황에 직면했을 때의 유일한 출구는 반란을 일으키는 것뿐이었다.

따라서 보갑체계는 전통적인 지역사회를 파괴했을 뿐 아니라 인민의 생활을 개선하는 것도 방해했다. 보갑체계는 전통적인 정치체계의 안전밸브를 파괴해 버렸으며, 전통적인 자치조직의 업무를 효과적으로 대체하지도 못했다. 보갑제 실행의 유일한 결과는 과거의 제도를 간단하게 불법으로 선포하고, 이 체계가 다시는 어떤 역할도 수행하지 못하도록 공식화해 버린 것이었다. 그 결과 기초 행정단위의 교착상태, 비효율성 심지어는 파괴 현상마저 나타났다.

위에서 아래로의 소통 경로의 확장은 정부가 지시한 명령이 잘 집행되도록 하기 위함이었다. 보갑제를 통해 권력이 훨씬 집중된 행정기구가 현실화되었지만, 이는 단지 형식적인 효율성의 제고였을 뿐이다. 왜냐하면 하부 집행기관이 교착상태에 빠졌을 때 명령이 실질적으로 집행되지 못했기 때문이다. 세금징수와 인력징집 업무에서는 좀 더 효율적인 이 새로운 체계가 약간의 성과를 거둔 것도 사실이다. 그러나 지방을 재건하거나 생산력을 제고시키는 등의 문제에서 보장들은 정부의 지시를 문서함에 방치하고 모른 체했다. 실제로 정부가 하달한 문건을 잘 보관하는 것이 보장의 주요 임무 중의 하나라는 사실은 모두 인정하고 있다. 이런 조건 아래서 아무리 능력이 뛰어난 사람이 보장이 되더라도 사회개혁을 위한 어떠한 실질적인 조처를 할 수 있는 기회를 찾기는 어려웠다.

5장

시골, 읍, 도시

중국의 정치구조에서 신사가 갖는 지위를 고찰했으므로 이제 경제구조에서 신사가 어떤 지위를 갖는지에 대해 논하고자 한다. 그러나 이 문제를 이해하기 위해서는 우선 농촌과 도시의 지역사회 및 경제적 성격의 차이, 그리고 이것과 연결된 다른 모든 관계에 대해 확실하게 이해해야 한다. 중국에는 인구가 밀집한 다섯 가지 형태의 지역사회가 존재하는데, 그것은 바로 부락乡村=村庄, 성곽이 있거나 군대가 주둔하고 있는 읍鎭, 임시시장, 상시로 장이 서는 큰 읍市鎭과 조약에 의해 외국과 무역을 진행하는 자유무역항通商口岸 등이다.

인구와 도시의 지역사회(공동체)

우리에게 '지역사회'로서의 도시는 어떤 의미를 갖고 있는가? 이 질문에 답하기는 쉽지 않다. 미국 상무부의 국세조사국the Bureau of the Census은 2만 5천 명 또는 그 이상의 사람이 살고 있는 지역사회를 도시라 부르고, 5만 명의 주민과 1제곱마일 내의 인구밀도가 150명 정도인 지역사회를 대도시라고 부른다. 물론 모든 사회학자가 이 기준에 동의하는 것은 아니며, 사실 보편적으로 받아들여지는 추상적 기준도 존재하지 않는다. 예를 들면, 마크 제퍼슨M. Jefferson은 1제곱마일 내의 인구가 1만 명인 지역을 도시라 부르지만, 월터 윌콕스Walter F. Willcox는 1제곱마일 내의 인구가 1천 명 정도면 도시라고 부를 수 있다고 주장했다. 이들이 도시의 기준으로 주장하는 숫자가 일치하지는 않지만, 모두 인구밀도를 기준으로 도시와 농촌의 규모를 구분하고 있다. 이러한 구분은 미국에서 인구가 밀집한 지역은 모두 도시를 형성하고 있기 때문에 가능한 것인데, 중국의 상황은 이와 다르다. 예를 들면, 내 고향인 장쑤성江苏省의 평균 인구밀도는 1제곱마일당 5백 명을 넘어서고 있지만, 산둥성山东省은 615명, 저장성浙江省은 657명 정도이며, 일부 성의 지역들은 더 많고, 심지어 1제곱마일당 6천 명 정도인 곳도 있다. 따라서 만약 우리가 윌콕스의 기준을 사용한다면, 이런 지역들은 모두 도시라고 불려야 할 것이다. 그러나 이렇게 하는 것은 그야말로 상식을 무시하는 것이다. 만약 우리가 이들의 주장을 받아들인다면, 중국의 상황이 미국과는 아주 판이하기 때문에 반드시 다른 기준을 채택해야 할 것이다. 그렇다면 우리는 어떤 기준을 사용해야 할 것인가? 분명한 것은 인구밀도만을 기준으로 사용해서는 농촌과 도시의 지역사회를 구별하기에 충분하지 않다는 사실이다.

인구 기준으로 도시와 농촌의 지역사회를 연구한다면, 사람의 숫자와 밀도보다는 분포에 중점을 두고 연구해야 할 것이다. 인류의 경제생활 발전과정의 초기에 인간은 세포의 핵核처럼 어느 한 지점에 밀집해 생활한 사실을 알 수 있다. 이렇게 사람들이 밀집해 생활하는 세포의 핵에 해당하는 지역을 도시라고 불렀고, 그 지역을 둘러싸고 있는 주변 지역을 농촌이라고 불렀다. 인구밀도 및 이와 관련된 핵 내부로의 인구 집중 과정에서 도시와 그 주변 지역에 필연적인 차이가 존재한다. 그러나 우리는 이러한 차이점을 구별해 내지 못했거나 또는 제곱마일 내의 사람 숫자를 토대로 경제 발전이 서로 다른 단계에 있는 지역사회를 구별했다. 가령 인구가 고도로 밀집한 어떤 주거지에서, 우리의 주요 임무는 왜 인구가 이 지역에 집중했는가에 대해 분석하는 것이었다.

농업이든 유목遊牧경제든 자급자족적인 경제구조에서, 각 경제단위는 모두 자기 자신에 의지해서 생활을 유지하며, 그 구성원들은 곳곳에 분산해 거주한다. 이런 구조에서는 하나의 핵심적 경제 중심을 형성해야 할 필요가 없으며 심지어 모든 사람이 함께 생활하더라도 경제적 차이가 없다. 농민들은 토지를 경작하면서 만약 다른 이유가 없다면 '농사를 지을 때 또는 생산물을 수확할 때의 편의' 등의 실질적인 이유 때문에라도 자신들의 땅에 정착해 생활하는 것을 발견할 수 있다. 이것이 바로 우리가 말하는 농촌 지역에서의 분산 주거인데, 이러한 현상은 미국에서 보편적이다. 그러나 중국에서는 쓰촨성四川省처럼 산간 지형인 일부 지역을 제외하고는 상황이 완전히 다르다. 중국의 농민은 고립적이지 않고 부락에 밀집해 생활한다. '친족'과 '상호 보호의 필요'라는 두 가지 중요한 요인이 이런 상황을 만들었다. 중국에서는 형제들이 평등하게 부친의 토지를 상속하고 또 계속해서 그 땅에 머무르려는 경향이 있다. 만약 부근에 주인이 없는 다른 토지가 있다면, 이 가족은 더 확장해서 몇 세대를 거친 후에는 한 씨족(문중)이 거주하는 부락으로 확장하게 된다. 모두가 친족이라는 사실이 이들을 같은 지역에서 함께 생활하게 해 준다. 경작지와 거주지 간의 거리가 매우 멀어서 경제적 관점에서 보면 불리한 것이 사실이지만, 한 지역에서 함께 생활하는 것이 안전이라는 측면에서 보면 커다란 이점이 있다. 농업이 중심인 지역 사회는 손쉽게 외부로부터 침략당하기 때문에 농민들에게 가장 안전한 방법은, 일종의 울타리로 둘러싸인 한 지역에 밀집해 함께 살면서 그곳에서 생산에 종사하는 것이었다.

이렇게 농업에 종사하는 가족이 함께 집중해 사는 곳을 우리는 부락이라 부른다.

　농가의 건축물 자체에서 우리는 농민들이 방어를 중시한다는 사실을 엿볼 수 있다. 산간지역의 마을은 비교적 작으며, 원시시대의 요새처럼 자체 울타리로 둘러싸인 가옥들이 산재해 있는 것을 볼 수 있다. 또는 만약 이런 형태의 가옥을 볼 수 없다면, 주택의 바깥벽에 창문이 없어서 건물이 완전히 밀폐된 것처럼 보이는 가옥들을 볼 수 있다. 비교적 큰 부락에서는 종종 울타리로 둘러싸인 중심 지역을 발견할 수 있는데, 이곳은 필요한 경우 사람들이 도피하거나 외부의 공격을 받을 때 재산을 저장하는 곳이다. 심지어 장쑤성처럼 좀 더 평화롭고 질서가 있어서 우리가 톈탕天堂이라고 부르는 지역에서는 해상수송이 도로보다 더 중요해서, 매일 밤 또는 긴급한 상황이 발생했을 때 하천은 모두 나무로 만든 울타리로 봉쇄한다. 그러나 이런 지역의 가옥은 농민들의 그것과 다르며 창문은 도로를 향해 열려 있다.

　가옥의 형태와 범위가 어떤 차이를 보이는지에 관계없이 자급자족 단위의 집합으로서 그 구성원들 간의 역할 구분이나 노동의 분배에서 차별이 없는 지역사회를 우리는 소도시나 도시 중심이라 부르지 않고 마을 또는 농촌이라고 부른다. 그래서 부락을 하나의 조직 형태로 볼 수 있다. 다른 한편으로 중국의 도읍은 동일한 하나의 유형이 아니라 자신의 기능에 따라 조금씩 다른 형태를 갖추고 있다.

성벽으로 둘러싸인 군사 주둔 도읍

성벽圍墻으로 둘러싸인 읍은 중요한 도시 유형의 하나로 정치의 중심 지역이다. 이 단어의 본래 의미는 '울타리'(성벽)墻, '울타리를 두름'圍墻 또는 '방어벽을 쌓는 공사'防衛工事이다. 방어를 위한 건축물의 규모나 기능은 서로 달라서 어떤 경우는 한 가정만을 위해, 또 어떤 때는 한 마을을 위해 건축되기도 한다. 그러나 이 울타리라는 단어가 비교적 큰 규모로 설계된 성곽이거나 어떤 건축물을 방어하기 위한 것이라면 이것은 바로 그 지역의 정치 중심지를 보호하기 위한 것이다. 이런 유형의 성곽을 건설하는 것은 거대한 공사로서, 개인적인 수단과 방법만으로는 완성하기 어렵다. 이런 유형의 대형 성곽을 짓기 위해서는 반드시 방대한 인력을 동원해 공적으로 진행해야 하고 정치권력의 지지가 있어야 하며 동시에 정치적 목적도 필요하다.

따라서 성城은 정치체제 내에서 통치계급의 도구이며, 이곳에서 권력은 실질적인 힘으로 표출된다. 성은 권력의 상징인 동시에 권력을 유지하기 위해 필요한 도구이다. 따라서 성의 위치는 일반적으로 그 정치적, 군사적 목적에 의해 결정된다. 군주의 대리인이 거주하는 지역은 일반적으로 반드시 성곽을 건설해 그를 보호한다. 현마다 반드시 성이 한 채 있어야 하고 황제의 대리인이 바로 그곳에서 거주한다. 그러나 어떤 현이 성곽을 독자적으로 건설할 수 없을 때는 여러 현의 대표들이 한 성에 함께 거주하기도 한다. 바꿔 말하면 성은 아문 즉 관리를 보호하기 위해 존재했다. 성의 존재는 앞의 몇몇 장에서 설명한 이론을 확실하게 증명해 주고 있는데, 중국에서 군주의 권력은 항상 경계심을 갖고 자기 자신을 보호할 필요가 있었다는 사실이다.

원난성의 예에서 볼 수 있는 것처럼, 성곽으로 둘러싸인 도시를 건설할 때 일반적으로 일부 성곽은 산 정상에 건설하고 일부는 평지에 건설하는데, 그 이유는 이런 방식이 방어에 유리하기 때문이다. 만약 평지에 건설한다면 늪池塘이나 도랑隍沟 등 성을 방어할 수 있는 지형지물을 팠다(좀 더 확장시켜 말하자면, 고대에는 어떤 지역을 세속적으로 통치하는 행정관에 비교해 그 지역을 영(정신)적으로 그 지

역을 보호하는 수호신을 성황城隍이라고 호칭했다). 성곽과
성을 보호하는 도랑은 일찍이 중국 역사에서 권위적 지위
의 상징이었다. 베이징이나 난징南京 같은 도시들에 통상적
으로 대규모의 경작지가 있었다. 또 일반적으로 모든 성곽
안에는 거대한 규모의 경작지가 있어서 만일 적들에 포위
되더라도 귀중한 양식을 공급할 수 있었다. 전통적인 관점
에서 볼 때 이상적인 도시는 자급자족할 수 있는 작은 성
城堡이었다. 오늘날에도 긴급한 상황에서는 정부가 성문을
봉쇄하라고 지시할 수 있다. 얼마 전까지, 즉 군사적 통제
가 실시되기 전까지만 해도 베이징에서는 매일 밤 7시에 성
문을 닫았다.

성곽이 안전을 상징하기는 했지만, 성곽 안에 사는 사
람의 숫자가 성곽 밖에 사는 사람들의 숫자보다 많지는 않
았다. 실제로 윈난에서는 통상적으로 성곽 안에 형성된 도
읍의 규모가 인근의 마을보다 작은 것을 발견할 수 있다.
하지만 일부 사람들에게 도읍의 안전이 잘 보장된 지역은
매력적이었다. 우리가 앞에서 봤던 것처럼 부자 또는 약간
의 부를 소유한 사람들은 중국 사회에서 항상 안전했다.
노동의 원가가 아주 낮았기 때문에, 지주들은 재산이 아주
많지 않더라도 자신의 토지를 경작하는 데 필요한 노동에

서 해방될 수 있었다. 이런 상황에서 지주들은 자신의 토지를 임대하고 자신은 성곽 안의 도읍에 들어가 거주했다. 부자들의 착취는 정치권력에 의해 보호받았으며, 정치권력이 도읍에 사는 지주들을 대신해 소작농에게서 지대를 징수하는 데 동원되었다. 윈난에서는 일찍이 한 부대가 세금을 징수하기 위해 일정 기간 파견되기도 했다. 앞에서 서술했던 것처럼 지주들은 관리들과 밀접한 개인적 관계를 유지하려고 노력했다. 관리들과 토지를 소유한 신사계급의 결합이 성곽이 있거나 또는 군대가 주둔하고 있는 도읍의 특색이다.

성안의 도읍에 사는 주민들이 수공업을 이용하고 발전시켰다. 지주와 그들의 부가 집중되면 될수록 뛰어난 기능을 지닌 숙련공들과 그들의 기술은 더욱 발전했다. 청두成都의 은으로 만든 제품銀器, 쑤저우苏州의 자수刺绣, 항저우杭州의 비단과 베이징의 경태란景泰蓝 1 등은 모두 수공예 기술이 고도로 발전한 사례다. 무역에 좀 더 영향을 미칠

---

1. 경태란(景泰蓝)은 중국의 전통적인 특수 금속공예(청동체 바탕에 각종 무늬를 새겨 넣음) 중의 하나로 명나라 일곱 번째 황제인 경태제(1450~1457) 시기에 절정에 달했으며 이 때문에 비슷한 유형의 제품을 경태란이라 칭하게 되었다. 대부분의 제품이 황궁에서만 사용되다가 청나라 말기에 들어서 상품화되었다.

수 있는 이런 유형의 도읍에서 모피나 약초 같은 각지의 특산품이 발전할 수 있었다. 그러나 성안의 도읍은 전형적인 무역 중심지도, 농민들이 필요한 제품을 공급하는 서비스를 제공하는 곳도 아니다. 앞서 언급한 사치품들은 어렵게 살아가는 농촌의 주민들이 소비할 수 있는 것들이 아니다. 재봉사(대저택 부근에 거주하면서 신사계급을 위해 봉사했다.), 목수, 약과 영양제를 조제하는 약사, 은 세공사 및 성안에서 생활하는 다른 모든 수공업자는 농촌 사람들을 위해 봉사하는 것이 아니라 지주들을 위해 봉사했는데, 이 점은 중세에 자신들의 영주를 위해 봉사한 예술가나 수공업자와 다를 바가 없었다. 따라서 이렇게 요새화된 행정 중심지역의 경제활동은 생산자들 간의 상품교환에 기초했던 것이 아니라, 농촌에서의 착취로부터 대부분의 이익을 획득한 소비자들의 구매력에 기초하고 있었다.

소작료 수입 외에도, 지주들은 전당포, 고리대 및 식량에 대한 투자를 통해서도 이익을 거뒀다. 언젠가 나는 성안에 거주하는 한 주민에게 어떻게 돈을 빌리는지 질문한 적이 있는데, 그는 성안에 거주하는 대다수의 사람이 대부업貸付業을 겸하고 있다고 대답했다. 돈을 빌린 마을의 빈농들은 결국에는 부채를 상환하기 위해 어쩔 수 없이 자신의 토지를 팔아야 했다. 쌀가게 소유자들의 투자는 쌀을 사고 파는 과정 및 투기를 통해 확대될 수 있었다. 쌀 가격이 낮을 때는 사들이고 가격이 오를 때 높은 가격으로 팔면 그만이었다.

수많은 지역에서 쌀가게는 또 다른 하나의 역할, 즉 정미소 역할을 수행했다. 과거에는 쌀을 찧기 위해 수력을 사용했지만, 현재는 원유나 전력을 사용한다(그러나 내지의 일부 농촌 지역에서는 여전히 절구로 쌀을 찧어서 정미하는 것을 우리는 볼 수 있다). 일반적으로 이러한 도읍은 공업이나 상업의 발전으로 이루어진 것이 아니고, 대부분의 주민은 부유한 계급에 봉사하기 위해 존재하며, 부자들은 정치적 또는 안전상의 이유로 이곳에 거주했다.

교역으로 발전한 시장과 진

중국의 농촌경제에서 자급자족이 고도로 발전하기는 했지만 완전한 것은 아니었다. 농민들의 생활에 필요한 일부 필수품은 다른 마을의 농민들과 교환한 것이며, 일부는 외부에서 들어온 것도 있다. 따라서 우리는 농촌 지역들 간의 교역貿易이 인구 집중의 또 다른 요인임을 발견할 수 있

으며, 교역 중심지, 임시시장 및 시장이 서는 도읍을 구분
할 수 있다.

중국 내지에서 임시시장은 여전히 보편적이며 지역마다
명칭도 다르다. 이런 임시시장은 상부에서 추진한 것이 아
니라 지역의 필요에 의해 발전했으며, 진鎭과 마찬가지로 전
국 도처에 존재한다. 임시시장이란 단어는 생산자들끼리
제품을 교환하는 장소를 일컫는다. 생산자들이 매일 자신
의 상품을 교환할 수 없기 때문에 이런 유형의 시장은 보
통 며칠에 한 번씩 열리게 된다(윈난의 임시시장은 일반적
으로 6일에 한 번씩 열린다). 시장이 열리는 날이면 농민들
은 판매할 물건을 시장에 가져오고 거래가 끝나면 교환한
물건을 가지고 집에 돌아간다. 시장의 규모는 이 시장이 감
당할 수 있는 범위에 따라 변하는데, 거대한 시장은 참가
자가 1만여 명을 초과하는 경우도 있다. 윈난에서 용축제
龙节, 양축제羊节 또는 투견축제狗节 기간에 열리는 임시시장
에는 엄청난 인파가 몰린다. 산 정상에서 바라보면 마치 파
도처럼 많은 사람이 밀려다니는 것을 볼 수 있는데, 사람들
의 어깨가 서로 맞닿아 움직이기가 어려울 정도다. 그러나
이들이 시장에 머무르는 시간은 그리 길지 않아서 해가 저
물면 모두 뿔뿔이 흩어지고 밤이 되면 이곳은 인적이 없는

텅 빈 공간으로 변한다.

물론 이 임시적인 성격의 시장이 한 지역사회를 대표하지는 않는다. 시장은 단지 교통이 편리해서 선택된 지역일 뿐이다. 일반적으로 이런 임시시장은 넓고 확 트인 공터이면서 대체로 지역의 대표적인 사당 부근에 위치해 사람들이 모여들기에 적당한 공간에 열린다. 상거래가 좀 더 발달한 지역일수록 이런 유형의 시장이 좀 더 활성화되어 있다. 이 열린 공간을 중심으로 서서히 그 지역의 생산품을 매입하고 또 이것을 다른 지역으로 운송할 상인들을 위한 작은 창고들이 지어진다. 뒤이어 그들이 휴식을 취할 수 있는 찻집도 들어서게 된다. 외부에서 생산된 상품에 대한 수요가 증가하면서, 보부상褓負商을 통한 거래만으로는 수요를 충족시킬 수 없게 되었다. 때맞춰 시장 중심과 가까운 지점에 화물창고가 세워지고, 결국에는 우리가 '시장이 들어서는 도읍'市場鎭 또는 시市라고 부르는 영구적인 지역사회로 발전하게 되었다.

타이후太湖 유역은 수로를 통한 교역이 육로를 통한 것보다 훨씬 더 빨라서 이런 유형의 도읍에 더 많은 발전의 기회가 주어졌다. 내가 『장춘경제 : 중국 농민의 생활』江村经济 : 中国农民的生活(1936)에서 서술한 것처럼, 소위 연락선航船이라고 불리는 배는 마을 주민들을 위해 물건을 샀다. 각 연락선은 약 1백여 가구를 위해 일했다. 아침에 도읍에 도착해 오후에는 집으로 돌아갈 수 있었기 때문에 이런 연락선은 지역사회의 요구를 충분히 감당할 수 있었다. 도읍마다 일반적으로 수백 척의 연락선을 보유했기 때문에 대략 몇만 개의 농가에 서비스를 제공할 수 있었다. 도읍의 화물창고는 한 척 또는 더 많은 수의 연락선들에 특별한 서비스를 제공할 수 있었을 뿐 아니라 대규모의 소비자들을 확보함으로써 대규모 상업중심지의 지위를 유지할 수 있었다. 그러나 교통이 불편한 내륙지역에서는 이런 유형의 도읍이 매우 적었다.

시장과 군대가 주둔한 도읍은 이론적으로뿐만 아니라 단순한 관찰만으로도 충분히 구별해낼 수 있다. 윈난에서 시장과 도읍의 모습은 매우 다르다. 커다란 성곽으로 둘러싸인 쿤밍昆明 주위에는 6~7개의 임시시장이 있다. 쿤밍이 최근에 상업의 중심지가 된 것은 분명하지만, 농촌 지역의 소비를 통해 발전한 것이 아니다. 쿤밍의 중심가에 있는 백화점들은 외국 상품을 판매하고 있고 상인들은 황금을 팔고 있다. 이곳에서 물건을 구매하는 사람들은 대부분 도시 주민이거나 다른 도읍에서 온 상인들이며 아주 소수의 농촌 사람들만이 이곳에서 직접 물건을 구매한다. 대다수의 농민은 쿤밍 주변에 서는 임시시장에서 필요한 상품을 구입한다.

우리는 군대가 주둔하고 있는 윈난의 한 조그마한 도읍의 사례를 살펴볼 수 있다. 이 도읍에는 성곽 안에 단 하나의 간선 도로가 있을 뿐이다. 이 거리에는 차茶를 판매하는 가게가 몇 개 있고, 이발소 하나와 각종 말린 과일干货 및 사탕을 파는 가게가 있다. 성곽 밖으로 걸어서 약 15분 정도의 거리에 용축제 시장이 있는데 도읍과 아주 가까운 곳에 위치하지만, 도읍의 시장과는 완전히 다르다. 도읍은 정치의 중심을 대표하기 때문에 안전을 중요하게 고려해 방어에 유리한 언덕에 있다. 그러나 무역을 통해 발전한 용축제 시장은 주변의 농민이 접근하기 편리한 사거리에 자리하고 있다. 내 고향인 타이후 유역의 우장吳江은 군대가 주둔하고 있는 도읍인데 임시시장이 서는 부근의 전쩌震澤보다 훨씬 작을 뿐 아니라 그다지 번화하지도 않다. 청나라 때 군대가 주둔한 이 도읍에는 2개의 현 정부가 있었는데, 이 2개의 현청 외에는 주로 개인 주택과 단 하나의 중심 도로가 있을 뿐이다. 여기서 우리는 군 주둔지와 시장이 있는 도읍 간의 기능의 차이를 확실하게 볼 수 있다.

확실히 시장에 지주들이 모여들기 시작한 후부터 이 두 유형의 도읍은 일정한 유사성을 갖게 되었다. 지주들이 경제 중심지에 살게 되면서부터 그들은 자신이 토지에서 축적한 자본을 상업적으로 사용할 기회를 더 많이 갖게 되었다. 그러나 전통적인 기준에 의하면 무역에 종사하는 지주는 성에서 관리로 재직하는 지주보다 지위가 낮았다. 그러나 이러한 전통이 점진적으로 붕괴하면서, 시장이 서는 도읍의 고위직들이 종종 주둔군이 있는 도읍에서도 고위직으로 진출하게 되었다. 시장이 있는 도읍에서는 상점이 지역사회의 중심이고 소규모의 공업과 수공업도 발전했다. 이들 상점은 지역사회에 필요한 상품을 제공하고 동시에 농촌 지역에 필요한 제품을 제공하는 과정에서 발전하는데, 이런 점에서 이 두 형태의 도읍은 유사성을 띠게 되었다.

이 두 유형의 도읍은 중복되고 유사한 면을 갖고 있을 뿐 아니라 어떤 때는 심지어 한 지역사회 안에 함께 공존하기도 한다. 그러나 두 유형은 개념적으로 구별해야 한다. 군대가 주둔하고 있는 도읍은 전통적 관료들과 부유한 신사들의 근거지이지만, 시장이 서는 도읍은 농민들의 자체적인 지역 공업과 비교적 발달한 상업 및 수공업을 연결해 주는 연결고리 역할을 수행했다.

대외통상항구

이어서 인구가 밀집한 도읍의 마지막 유형인 대외통상
항구通商口岸에 대해 이야기해 보자. 대외통상항구에서 발전
한 중국의 근대도시는 전통적인 도읍, 즉 시장이 서거나 군
대가 주둔한 도읍 등의 유형과 다를 뿐 아니라 서양의 근
대적 대도시와도 뚜렷하게 구별된다. 중국의 도시화를 주
창한 사람들은 일반적으로 도시로서의 상하이가 뉴욕이
나 런던과 비슷하다고 말한다. 그러나 중국의 도시와 서구
의 대도시 사이에는 실제적이면서도 매우 본질적인 차이가
있기 때문에 이런 결론은 커다란 오해에 불과하다. 뉴욕과
런던 같은 대도시들은 거대한 경제 지역의 중추신경으로,
이러한 중심지역의 발전은 내륙의 발전을 가져왔는데 그
이유는 이들이 서로 연결되어 있었기 때문이다. 중심지역
과 내륙지역은 이런 관계를 통해 경제적 분업을 촉진했다.
그러나 상하이는 이들 도시와는 다르다. 상하이는 경제적
으로 독립적인 지역의 중심이라기보다는 정치적 협정에 의
해 개방을 강요당한 통상 항구이다. 상하이는 서구에 의해

강제로 개방된, 경제적으로 저개발 단계에 있는 대륙을 향한 관문일 뿐, 뉴욕이나 런던처럼 자신의 경제적 발전과정을 통해 성장한 도시가 아니다. 상하이를 비롯한 대외통상항구들은 서구의 중국에 대한 다른 단계의 경제적 침탈의 결과이다. 상하이는 원래 전통 경제구조에서 별 볼 일 없는 작은 어촌에 지나지 않았지만, 내륙지역과의 통상을 위한 관문으로 변하면서 완전히 새로운 모습으로 변했을 뿐 아니라 아주 특이하게 번영했다.

그러나 상하이의 번영이 내륙의 번영을 의미하지는 않았다. 그 이유는 상호발전이 아니라 거대한 경제세력이 경제가 발달하지 못한 지역을 지배하는 방식이었기 때문이다. 아주 오랫동안 상하이 같은 대외통상항구에서는 외국인 이주자들이 사실상 일종의 특수한 정치적 지위를 누리고 있었다. 이들 지역은 경제적으로 중국의 경제와 너무 달라서, 우연하게 어떤 사고가 발생하지 않는 한 중국 당국도 이 지역의 일에 관여할 수 없었다. 한편으로는 외국 상품이 중국에 진입하는 관문이고, 다른 한편으로는 밑 빠진 독^无^{底洞}처럼 중국의 부가 유출되는 장소였다. 내가 이런 대외통상항구를 경제적으로 '밑 빠진 독'이라고 규정하는 이유는, 이들 도시가 기본적으로 군대가 주둔하고 있는 도읍처럼 소비자들을 위한 곳이지 생산자들을 위한 곳은 아니라는 의미다. 이 점에서 나는, 교역은 서로에게 이익을 주는 것이기 때문에 외국상품의 수입은 반드시 '다른 상품의 수출로 균형을 맞춰야 하고 만약 그렇지 않다면 교역이 중단될 것'이라고 지적하는 일부 사람들의 도전을 받을 수 있다. 그러나 이런 주장은 뉴욕에는 적용할 수 있지만 상하이에는 적용할 수 없다. 실제로 상하이에서 수출된 상품이 중국에서 생산된 원자재만은 아니었으며, 다른 상품의 수출로 무역균형을 이루지 못했을 때는 금이나 은을 수출할 수도 있었다. 그러나 이들 상품은 상하이나 그 인근의 공업지역에서 생산된 것이 아니라 농촌에서 생산된 원자재들이다. 만약 상하이의 역할이 외국 소비자와 상품의 생산자를 연결하는 것이라면 상하이의 지위는 뉴욕이나 런던과 유사하다고 주장할 수 있을 것이다. 그러나 수출품의 생산자들은 동등한 가격의 수입품을 획득할 수 없었다. 상하이 사람들은 원자재를 끌어 모아 외국에 판매하고 수입한 외국의 상품을 자신이 소비했다. 이런 관계는 내가 앞에서 서술했던 전통체계에서의 군 주둔지 도읍의 형태와 매우 유사하다.

그러나 대외통상항구와 전통적인 군 주둔지 도읍은 다른 점이 하나 있다. 후자가 소비하는 상품은 현지 또는 적어도 인근에서 생산된 것인데 반해, 대외통상항구에서 소비하는 상품의 대다수는 외국에서 수입된 것이다. 대외통상항구 자체가 외국의 영향을 지대하게 받는 중심지로서, 이곳의 소비자들은 매우 효율적으로 외국상품을 사용해 국내에서 생산된 상품들을 대체했다. 이렇게 해서 부유하고 영향력이 있는 새로운 계급, 즉 매판계급买办阶级이 중국에서 탄생하게 되었다.[2] 일부 외국상품들이 중국 내륙의 도읍에 진입하기도 하지만, 주요 시장은 대외통상항구나 외국 조계租界였다. 이들 지역은 상대적으로 정치적 자유가 보장되어 있어서 내륙에서 거주할 수 없는 사람들을 수용했으며, 사실상 각양각색의 난민들이 거주하는 '커다란 호텔'로 변했다. 이런 유형의 대다수 사람이 돈을 가져와 이곳 조계지에서 소비했다. 이들이 소비하는 돈은 대외통상항구 내부에서가 아니라 주변의 농촌에서 왔다. 각종 경로

---

2. 매판계급(买办阶级)은 중국 근대사에서 서양인을 도와 중국과 쌍방 무역을 진행한 중국 상인을 지칭한다. 기본적으로 외국어를 구사할 수 있어서 중국 정부와 외국 정부 그리고 중국 상인과 외국 상인의 교류에서 통역으로 일하면서 성장했다. 아편전쟁 전, 광저우에는 청조의 엄격한 통제 속에서 공식적인 대외 무역 조직들이 이미 매판 조직을 설치해 대외무역을 진행하고 있었다. 매판 계층은 양무운동을 촉진하고 중국 민족주의의 탄생을 촉진했지만, 이후 중국공산당에 의해 관료, 자본가 등과 함께 과거의 3대 폐해 세력으로 비판받았다.

를 통해 중국 농촌의 부가 이곳 대외통상항구로 유입되었다. 뉴욕과 런던 다음으로 많은 인구를 거느린 상하이는 공업이 발달하지 못한 도시로서 자급자족의 경제활동을 유지할 수 없으며, 농촌의 수입에 의지하고 있을 뿐이다. 이렇게 상하이는 고도로 발달한 근대적 유형의 도시가 아니라 단지 군대가 주둔하는 유형의 도읍이며 소비자와 기생적 거주자에 의존하는 지역일 뿐이다.

근대적 대도시는 산업화의 산물로서, 산업화하지 못한 국가는 뉴욕이나 런던 같은 중심도시를 가질 수 없다. 대외통상항구는 단순한 재생산 경제가 우위를 차지하고 있던 지역에 근대화된 공업이 침투해 우위를 차지한 결과일 뿐이다. 그 결과 근대적 도시의 중심으로 분류하기 어려운 특수한 지역사회가 탄생하게 되었다. 이런 지역사회의 특성을 이해하기 위해 우리는 지금까지 해 왔던 것보다 더 많은 연구조사를 해야 한다.

6장

농촌의 생계수단

농업과 가내수공업

중국의 농촌과 도시의 관계에 대해서는 서로 다른 두 종류의 관점이 있다. 하나는 농촌과 도시가 상호 보완작용을 하면서 서로에게 이익을 준다는 관점이고, 다른 하나는 정반대로 이 둘이 서로 적대적이라는 관점이다.

물론 이론적으로 농촌과 도시는 모든 국가에서 당연하게 연결되는 필수적인 부분이다. 농촌은 국가의 생존을 위해 농산물을 생산하는 지역이면서, 동시에 농업에 종사하지 않는 도시 사람들에게 농산물을 공급한다. 따라서 도시지역은 농촌 생산품을 위한 시장이며, 시장이 발달할수록 소비되는 식품의 가치는 높아지고 농민들의 이익도 증가한다. 도시지역은 산업의 중심이기도 해서 농촌에서 생산되는 콩·동유桐油 및 담배 같은 제품을 원자재로 사용하고 있다. 이런 산업 원자재들은 때때로 식량보다 가치가 높아서 일종의 환금작물이기도 하다. 도시에서 근대적 산업이 발전할 때 내지는 토지의 특성이나 다른 조건에 따라 이런 종류의 농작물을 발전시킬 기회를 갖게 된다. 다른 한편으로 공산품과 다른 상품의 공급이 도시 주민의 수요를 초과하면서 그중 대부분이 농촌으로 흘러 들어가게 된다. 이로 인해 공산품과 식량의 끊임없는 교환이 진행되고, 이러한 도-농 무역은 쌍방의 생활 수준을 제고할 것이다.

도시와 농촌이 상호 보완적이라는 이론이 일반적으로 받아들여질 수 있다. 따라서 중국인의 생활 수준을 제고하기 위해서는 도-농 경제 관계를 강화하는 것이 가장 중요하다. 절대다수의 중국인이 여전히 농촌에서 생활하면서 농업에 종사하고 있다. 이들의 이익을 확대하기 위해서는 도시에 대한 판매를 증가시키고 많은 도시에서 중국적 공업을 발전시켜야 하며 농산물 시장을 확대해야 한다.

그러나 중국 근대사에서 확인할 수 있는 것처럼 중국에서 도시의 발전이 농촌의 번영을 촉진시킨 것처럼 보이진 않는다. 반대로 중국에서 근대적 도시의 증가는 중국 농촌 경제의 쇠락과 평행선을 긋고 있다. 일본과의 전쟁이 시작된 초기 몇 년간 절대다수의 근대적인 연해 도시들이 점령당하고 도시와 농촌 간의 경제적 관계도 봉쇄에 의해 단절되자 중국 농촌에서는 일정 기간 번영이라고 말하기는 어렵지만 경제가 회복되는 현상이 나타났다. 이런 현상은 중국의 도-농 관계에서 농촌이 불리하다는 점을 증명해 주는 것처럼 보인다. 만일 이런 관점이 정확하다면, 중국 농촌 사람들을 위해서는 도-농 연계가 적을수록 농촌에 좋다고 할 수 있다.

내가 보기에는 이 두 관점이 모두 사실일 수 있다. 첫 번째 이론은 정상적인 상황에서의 경제관계에 적용할 수 있고, 두 번째 이론은 중국의 현재 상황에 적용할 수 있기 때문이다. 아래에서서는 원래 도시와 농촌 쌍방이 모두 번영할 수 있는 토대에서 왜 중국의 농촌이 실패했으며 또 그것이 어째서 농촌에 재난을 초래했는지에 대해 분석해 볼 것이다.

토지의 분배와 인민의 복리

내가 국가 경제 쇠락의 원인에 대해 조사할 때 가장 주의를 기울인 부분은 소작농에 대한 관리체계였다. 토지를 소유하지 않은 사람이 다른 사람에게 토지를 임대받을 때 일반적으로 적어도 수확의 절반을 지주에게 이자로 지불해야 했는데, 임대료가 너무 높지 않은가? 지대와 총수입 사이에 어떤 관계에 있는지 한 마을을 예로 들어 살펴보도록 하자. 장쑤성 난징南京과 상하이 중간에 위치한 타이후 부근 한 마을의 농민들은 매 가정이 평균 8.5묘㕵를 경작했는데, 1묘는 약 1.29에이커acre에 해당한다. 1에이커당 평균 쌀 생산량은 40부셸bushel인데 1부셸은 67파운드 정도의 중량이다. 중국에서 이 정도면 수확량이 좋은 편이라고 할 수 있다. 따라서 각 농가는 농사가 잘되었을 때 평균 51.6부셸의 쌀을 생산한다. 각 가정의 평균 인원은 4.1명인데 식량의 소비로 환산하면 2.9명의 성인 남자가 사용할 수 있는 양이다. 평균적으로 모든 성인 남성은 7부셸 또는 470파운드의 쌀을 소비하기 때문에, 각 가정에서는 20.3부셸의 쌀을 소비한다. 총생산량에서 소비량을 제하면 31.3부셸이 남는다. 지금 예를 들고 있는 지역의 상황에 비춰봤을 때, 토지는 농민의 소유가 아니라 임대한 것이기 때문에 통상적으로 보면 총생산량의 절반, 즉 25.8부셸을 지불해야 한다. 지대를 지불한 후 가정에서 사용하기 위해 필요한 양을 남겨둔 후 남는 쌀은 겨우 5.5부셸이다. 수공업 생산품의 가치를 포함해 추가로 생산된 가치들을 더한다고 가정하면 약 10부셸 정도의 쌀에 해당한다. 따라서 쌀을 다 소비하고 이자를 지불한 후 가정에서 소비할 수 있는 쌀의 양은 약 15.5부셸 정도이다. 중국 농민의 총지출 항목이 다음과 같은 비율, 즉 "식량으로 소비되는 양 42.5%, 그 외의 다른 지출 42.5%, 농업에 대한 재투자 15%"로 구성된다면 농민들이 생활하기에 충분하다고 볼 수 있는가? 이러한 계산에 의하면 한 가정이 기본적인 생존을 위한 최저 지출을 제외하고 다른 부문의 지출을 위해서는 약 20.5부셸의 쌀에 해당하는 금전이 필요하다. 만약 한 가정이 농업에서의 수입 외에 다른 수입이 없다면 12.9부셸의 쌀을 살 비용이 부족하게 된다. 이런 가정이 생존해 가기 위해서는 반드시 다른 수입원을 찾아야 하며, 그렇지 못하면 빚을 지게 될 것이다.

확실히 농작물 수확이 다소간 증가하면 지대를 지불한 후의 농민들의 잉여 작물이 조금 증가한다. 그렇지만 경작에 적합한 토지의 면적이 제한되어 있을 뿐 아니라 당시의 기술 수준 역시 높지 않았기 때문에 농가 자체의 경작 가능한 토지 면적도 제한을 받았다. 우리의 자체 분석에 의하면 원난의 일부 마을에서는 농번기에 부부 두 사람이 경작 가능한 토지가 겨우 3묘에 지나지 않았다. 바꿔 말하면, 좀 더 많은 면적을 경작하려면 그들은 농번기에 반드시 도와줄 수 있는 사람들을 고용하거나 자신의 노동력을 교환해서 다른 사람들을 도와주고 그들의 도움을 받아야 했다. 경작하는 토지의 면적은 효율성뿐 아니라 노동력과도 연결된다. 일반적으로 한 가정에서 경작할 수 있는 토지면적은 장쑤江苏 농민들의 평균 경작면적을 넘지 못한다. 비교적 많은 토지를 보유하고 있는 지주들은 자신이 경작하지 않기 때문에, 토지를 몇 개로 나눠 소작인들에게 임대한다. 관리적인 측면에서 보면 위에서 언급한 문제는 토지의 재분배에 관한 문제라기보다는 경작기술이나 조직방식의 개선에 관한 문제라고 할 수 있다.

실제로 한 마을의 모든 토지를 그 마을의 모든 농민에게 균등하게 분배한다고 하더라도, 대다수의 상황에서는 농민 개개인의 경작 면적이 그다지 증가하지 않는다. 서구의 경작 면적과 비교하더라도 소위 말하는 대지주들이 소유한 토지의 규모 역시 대수롭지 않다. 토지의 재분배가 인구의 농업 자원에 대한 압력을 해소해 주지는 않는다. 유효한 방법은 농촌 인구를 감소시키는 것이다. 그러나 토지의 재분배를 통해 농민들의 경작지를 증가시킬 수 없기 때문에 농민들이 자신의 토지를 소유하는 것이 농민들의 복지 향상에 도움이 되지 않으리라 생각한다면, 이런 생각은 잘못된 것이다. 위에서 언급한 내용에 따라 만약 장쑤江蘇 농민들이 지대를 지불할 필요가 없다면, 아마 그들은 자신의 생산물만으로도 비교적 만족할 만한 생활을 유지할 수 있을 것이다. 각 가정의 농업 수입과 수공업 생산의 가치를 더한 가치가 평균적으로 쌀 수확량 61.16부셸 정도가 되기 때문에, 그중 20.3부셸은 가정에서 소비하고, 20.3부셸은 소비자들을 위한 상품으로 할당하며, 8.4부셸은 농업에 재투자할 수 있다. 이런 상황이 되면 농민들은 '굶주리지도 않고 추위에 떨지도 않으면서' 최소한의 행복한 생활을 유지할 수 있다.

농촌의 생계수단 : 수공업과 농업

만약 위에서 분석한 내용이 정확하다면, 소작농들은 자신의 토지에서 생산한 생산품만으로는 최저 수준의 생활을 유지하기가 어렵다. 중국에서 소작농들은 아주 오래전부터 존재했는데 왜 1920~30년대 이전에는 이와 관련된 문제들이 그다지 심각하게 드러나지 않았을까? 나는 농민들의 경제적 곤란은 오래전부터 존재하고 있었지만, 전통적인 농촌 생활에서 한 가지 구성 요소가 지주와 농민들의 심각한 충돌을 억제하고 있었다고 판단한다. 이 요소는 바로 농업과 수공업인데, 앞에서 서술한 것처럼 이 두 가지 요소가 농촌의 부족한 수입을 보충해 주는 요인들이었다. 중국은 순수한 농업 국가였던 적이 결코 없다. 일찍이 맹자가 살던 시절부터 농민들은 자신의 농가에 뽕나무를 심어 생사를 생산하도록 권유받았다. 중국은 일찍이 서구와 상업적인 교류에는 그다지 흥미가 없었는데 그 이유 중 하나는 식량과 생필품 등을 자급자족할 수 있었기 때문이었다. 확실한 사실은 이런 필수품들이 대규모 공장에서 생산된 것이 아니라 여러 지역에 흩어진 수많은 농촌 마을에서 생산되었다는 점이다. 어떤 특정 지역의 특산품, 예를 들면 타이후 부근의 작은 지방에서 생산된, 영국인들에게 '지리'輯里=tsatlee로 알려진 생사生絲 및 롱징龙井차와 징더전景德鎭의 도자기 등을 제외하면, 면사방적 같은 광범위하게 퍼진 농촌 공업은 수많은 농민의 집에서 진행되었다. 나도 어렸을 때 할머니가 방적기로 옷을 만드는 것을 도와드린 적이 있었을 뿐 아니라, 어머니의 결혼 예물 중에는 베틀이 한 대 포함되어 있었다. 이들 생산자가 여러 가정에 분산되어 있었다는 사실이 작업방식이나 기술적인 내용을 개선하는 데 일종의 장애로 작용했겠지만, 어쨌거나 이런 사실은 중국의 전통적인 생계에서 중요한 요인이었다. 가내수공업에서 얻는 추가수입이 충분한 토지를 소유하지 못한 농민이 최소한의 생활을 유지할 수 있도록 도왔다.

이제 다시 중국인의 평균 토지 소유면적이 일반적으로 너무 작았던 문제로 돌아가 보자. 이러한 문제를 야기한 가장 직접적인 원인은 농촌인구가 너무 많기 때문이었다고 말할 수 있다. 어떻게 이런 현상이 발생하게 되었는가? 일부 사람들은 이런 문제를 제기하는 것은 너무 어리석은 짓이라고 판단할 수도 있는데, 그들은 인구문제는 생물학적인 현상이지 사회현상이 아니라고 생각하거나 또는 인구가 너무 많았던 주요한 원인은 전통적인 유교 사상에 기초한 대가족주의 때문이라고 인식할 수도 있다. 그러나 바로 위에서 언급했던 것처럼 노동의 수요라는 관점에서 보면 또 다른 해답이 있다는 것을 알 수 있다. 농업 노동의 활동은 계절적 특성이 아주 크다. 훨씬 많은 노동력이 필요한 농번기와 그렇지 않은 농한기가 교체되는데, 농번기와 농한기에 필요한 노동력은 그 차이가 매우 크다. 실제로 농촌 마을의 주민 숫자는 충분해서 현재의 농업기술 수준이면 '특수한 시기', 즉 농번기에 필요한 인력을 충분히 감당할 수 있다. 따라서 농업 생산의 각도에서 바라보면 중국 농업지역의 인구가 그렇게 많은 것은 아니다. 중일전쟁 후반부에 일부 농촌 마을에 노동력 부족 현상이 나타났는데 그 이유는 전쟁으로 인해 많은 사람이 징집된 것도 있지만, 일부 사람들이 징병을 피해 달아났기 때문이기도 하다. 농업 기술이 개선될 때를 제외하고, 농촌의 인구는 쉽게 증가하지 않는다. 게다가 중국의 농촌에는 부유한 생활을 누리는 사람들이 너무 많이 살고 있다. 농업이 단기간에 많은 노동력을 필요로 하기는 하지만, 1년의 3분의 2에 해당하는 기간에는 잉여 노동자들이 할 일이 없기 때문에 주기적인 실업이 발생한다. 우리는 1년 내내 노동력을 양육하지만, 이 노동력을 오직 농번기에만 사용한다.

과거에는 이런 잉여 노동력이 수공업에 종사했다. 농촌의 수공업은 농업과 협력하고 또 노동 자원을 공유하면서 지역경제를 건강하게 유지할 수 있었다. 이런 상황에서는 지주가 토지수입의 절반을 가져가더라도 농민들은 휴식을 취하면서 인구를 증가시킬 수 있었다. 이런 관점에 반대하는 일부 사람들은 농촌 수공업의 존재가 지주들이 자신의 소작농들에게서 더 많은 것을 착취할 기회를 제공했다고 주장했다. 그러나 경제적 관점에서 보면, 이런 상황은 농업기술·노동의 필요성·인구 범위·농업영역·농촌수공업·소작료와 이자의 비율, 그리고 지주의 권리 등을 포함한 모든 것들을 유기적으로 조정했다. 이러한 유기적 조정이 있음으로써 농민들은 추위와 배고픔에 떨지 않는 최소한의 생활을 유지할 수 있었으며 전통 중국 사회도 유지될 수 있었다. 이러한 최저 생활기준을 보장해 주지 못하는 어떤 경제체계도 오래 유지될 수 없다.

전통적 구조의 비정상화

근 100년 동안, 위에서 언급했던 전통적 구조 혹은 유기적 조정이 붕괴하기 시작했다. 이런 붕괴는 어떻게 시작되었는가? 내가 생각하기에는 농촌 수공업의 몰락이 중요한 요인 중의 하나이다. 농업기술·인구규모·경작면적·소작료 총량 및 지주의 권한 등 다른 부분은 상대적으로 변화가 적었다. 농촌 수공업의 쇠락과 함께 농민들이 최소한의 질적인 삶을 유지할 수 있는 전통적인 조정이 더 이상 기능하지 못했다.

농촌 수공업의 쇠락이 고도로 기계화된 서구 산업과의 경쟁의 결과라는 것은 명백한 사실이다. 그 이유는 서구의 대규모 생산은 생산품의 원가를 낮추었을 뿐 아니라 품질도 개선했기 때문이다. '지역 생산품'이란 말은 '품질 낮은 제품'과 동의어가 되었다. 가정에서 생산된 상품들이 보기 좋고, 편리하고 또 종종 내구성이 더 뛰어난 외국의 생산품들과 어떻게 경쟁할 수 있겠는가? 수공업 제품 시장이 외국 상품들에 점령당하고, 외국 제품을 구매할 수 있는 사람들은 비교적 높은 수준의 생활을 유지할 수 있었지만, 동시에 수많은 마을이 파산했다. 농촌 수공업의 몰락은 파산과 빈곤을 가져왔고, 인성이라고는 찾아볼 수 없는 이런 힘에 직면해 농민들은 저항할 수도, 자신을 보호할 수도 없었다. 농촌의 부녀자가 만든 견사가 구매자를 만나지 못할 때, 그녀는 과연 누구를 원망할 수 있겠는가? 그녀는 탄식하면서 견사의 생산을 중단하고 모든 희망을 토지에서 생산되는 생산물에 걸 수밖에 없었을 것이다. 그러나 토지가 각 가정의 모든 지출을 온전히 책임지게 되었을 때, 농민들이 제일 먼저 직면하게 되는 토지 소유와 임대라는 전통체계가 어려움을 가중했다. 이때까지 지주는 소작료를 받을 권리를 아직 상실하지 않았고, 게다가 소작료 역시 낮아지지 않았다. 전통사회에서 지주는 생산자가 아니고 다른 사람을 지배하는 계급이었다. 그러나 변화된 상황에서도 지주들은 자신의 요구를 낮추지 않았다. 오히려 밀려들어 온 수입 상품의 자극으로 생활 수준에 대한 기준은 더 높아져서, 지주들은 전보다 더 많이 소비하게 되었다. 이 때문에 그들은 소작료 수입을 쉽게 포기할 수 없었다. 그러나 그들이 세금을 거두기 위해 농촌에 갔을 때 소작농들이 더 이상 고분고분하지 않다는 것을 발견하게 되었다. 소작농들이 어떻게 이렇게 할 수 있었을까? 만약 그들이 소작료를 원래대로 지불한다면 그들은 곧 기아에 직면하게 될 것이었고, 생명을 유지하기를 원한다면 반드시 지주와 충돌할 수밖에 없었다. 반면에 지주들은 소작농들의 태도가 왜 이렇게 변했는지 이해할 수 없었다. 소작농들이 과거에 정한 소작료와 이율로 납부하기를 원하지 않는다는 사실은 지주들의 입장에서 보면 전혀 근거가 없는 것이었다. 그러나 소작농들의 눈에는 지주들이 마지막 쌀 한 톨까지 가져가 버려 자신을 죽음으로 몰아넣는 악마로 보였다. 소리도 형체도 없이 진행된 외국산업의 침략은 농촌 수공업을 말살시키면서 전통구조를 어지럽혔지만, 지주들은 아무것도 이해하지 못했다. 그들은 계속해서 특권만을 누렸던 사람들이다.

농촌 수공업을 쫓아낸 세력은 막강한 힘을 갖고 있었고 중국 사회에 깊숙이 침투했다. 그들의 배후에는 군함과 대포로 무장한 '제국주의'라는 아주 잘 조직된 근대화된 국가들이 있었다. 전통적인 수공업 노동자들은 여러 마을에 흩어져 살던 농민들이었다. 그들은 어떤 조직에도 소속되지 않았으며 근대화된 과학기술의 도움도 받지 못했다. 지주의 권력과 영향력은 산업이 발달한 외국 산업자본의 그것과 비교했을 때 매우 취약했다. 그러나 지주는 바로 가까이에 있었고 생존을 위해 농민들은 그들에게 대항할 수밖에 없었다. 이렇게 중국의 토지문제는 점점 더 해결이 어려워졌다.

지주계층의 합리적 탈출구

'기아에 허덕이지 않는 삶'은 우리가 반드시 인정해야 할 민중들의 최저 생활 기준이다. 적어도 인간의 생존권을 인정한다면, 최소한의 생존을 위한 투쟁권 또한 정의롭고 합리적인 것으로 인정해야 한다. 이것이 민생民生에 관한 학설의 기본 내용이다. 그러나 중국의 부는 계속해서 외부로 유출됐다. 농민들을 잘살게 하기에는 부족했던 중국의 공업생산력은 '상당히 빈곤'한 농민들을 '더 빈곤한' 상태에 빠뜨리고, '더 빈곤한' 상태의 농민들을 '아주 가난한' 상태에 빠뜨리며, '몹시 가난한' 상태의 농민들을 '절망의 나락'으로 빠뜨렸다. 농촌의 번영이 이미 잠식되어 버린 상황에서 농민들이 자신의 생활 수준을 과거의 수준으로 돌려달라고 요구하는 것이 그렇게 이상한 일은 아니다.

이런 조건 아래서 만약 퇴락한 공업을 회생시키지 못한다면, 소작료에 기대 살아가는 지주들은 머지않아 공격을 받게 되고, 더 나아가 소멸하게 될 것이다. 지주 자신은 경작이 불가능하기 때문에 오직 자신의 토지를 다른 사람들에게 임대할 수밖에 없다. 그러나 이 토지가 지주와 소작농을 동시에 먹여 살릴 수는 없다. 지주가 소작농을 배제하고 자신이 직접 토지에서 수입을 얻을 수 있는 방법을 찾을 수 없지만, 소작농은 지주의 도움이 없이도 토지를 경작할 수 있다. 따라서 지주와 소작농의 싸움에서는 소작농이 승리할 수 있다. 중국의 소작체계는 토지의 잉여에 기초해서 생겨난 것이 아니라 농촌공업의 잉여수입의 지지를 받아 유지되어 왔기 때문에, 사실상 농촌의 수공업이 소작료를 결정했을 뿐 아니라 지주계층의 미래도 결정했다. 억압적인 조치가 단기간에 강요된 합의를 가져다줄 수는 있다. 그러나 강압적인 수단은 일순간의 추가 지출뿐 아니라, 미래에 더 심하고 끝없는 저항을 불러올 뿐이다. 소작권을 빼앗은 것으로는 문제를 궁극적으로 해결할 수 없다.

지주의 입장에서 합리적인 탈출구는 자신을 파멸로 인도하는 행동을 취하지 않고 오직 변화하는 환경에 맞춰 자기 자신을 조정하면서 소작료에만 의존하던 방식을 극복하고 다른 생계수단을 찾아내는 것이다. 만약 그들이 과거의 방식대로 살아가기를 고집한다면, 시작부터 외국산업의 침략에 맞서 단호한 투쟁을 시작해야 했다. 자신을 보호하기 위해서라도, 이런 긴급한 상황에 부닥친 지주계급은 농민들에게 소작료를 징수하는 권리를 포기해야 했다. 이런 방식을 선택할 때만 하나의 완전체로서의 국가가 전체 농민들의 지지와 협력을 얻을 수 있고 목전의 경제위기를 극복할 수 있다. 경자유전耕者有其田[농사를 짓는 농민이 토지를 소유해야 한다]이라는 손문孫文의 선견지명이 합리적인 해결책이 될 수 있다.

그러나 중국의 재건을 위한 목표에는 당연히 산업의 재건도 포함되어야 한다. 그리고 민족 산업을 건설하기 위해 우리는 반드시 농촌의 공업화를 촉진해야 하는데, 그렇게 해야만 전체 인구의 80%를 차지하고 있는 농민들의 생활수준을 향상시키고 그들과 함께 공유할 수 있기 때문이다. 내전이 가져온 파괴가 생산력 향상을 더욱 어렵게 만들었다.[1] 그렇지만 우리는 반드시 산업을 재건하기 위해 노력해야 한다. 중국인들은 인내심이 있으며, 앞으로도 충분히 고생을 참아낼 수 있다. 그러나 단순히 인내심으로 합리적 이상을 실현하기는 매우 어렵다.

현재 우리는, 넘쳐나는 외국 제품의 홍수 속에서 근대

---

1. 1920년대 후반부터 진행된 국민당과 공산당의 내전을 지칭한다.

적 도시들이 어떻게 발전할 것이냐는 문제와, 다른 한편으로는 생필품의 대량 생산이 농촌의 주요 수입원을 박탈해 버리는 문제에 직면해 있다. 만약 근대적 도시의 발전이 농산물에 대한 더 많은 수요를 자극해 농업의 발전을 자극하고 농산물 가격을 높였다면, 과거 농촌 수공업에 끼쳤던 손해를 보상해 줄 수 있을 것이다. 그러나 불행하게도 현실은 이와 달랐다. 대도시 인구의 증가로 확실히 도시 사람들의 식품류에 대한 수요가 증가했지만, 교통체계가 매우 낙후했을뿐더러 이미 수입된 외국산 제품을 사는 것이 지방에서 가져온 제품을 사는 것보다 싸다는 점을 사람들이 간파했기 때문이다. 중국의 근대적 교통망은 주로 소비중심과 연계되어 있다. 대도시를 연결하고 있는 철로는 하천을 따라 이어지는 고대의 교통망과 평행을 이루고 있어서 서로 보완작용을 하지 못하고 있으며, 동시에 대다수의 농촌과 도시지역은 여전히 상당히 원시적인 교통수단에 의해 연결되어 있다. 게다가 전통적인 중간 규모의 도읍이 중개역할을 하기 때문에, 도시와 농촌 마을 간의 직접적인 연계가 없다. 이곳에 거주하는 사람들은 한가하게 노닐면서 생산에 종사하지 않는 지주들인데, 과거에는 농촌에서 생산된 제품을 샀지만 현재는 오히려 서구에서 생산된 제품을 선택하고 있다. 그들은 소작료 또는 대출금의 이자 대신 받은 농산물을 외국 제품들과 교환하고 있는데 이런 제품들은 농촌 사람들이 전혀 본 적이 없거나 또는 보았다 하더라도 살 수 없는 것들이다. 농촌경제는 발전을 멈추고 생활은 계속해서 악화하며 민중은 어쩔 수 없이 최소 생필품만으로 생활을 유지하면서 지출을 삭감해야 했다. 현재의 시스템에서 중개인이나 투기꾼들이 농산물로부터 얻는 이익은 이자처럼 자연스럽게 증가하지만 생산자들과 농촌은, 현대적 생산품을 소비하면서 이윤을 취하는 계층을 떠받치고 있다. 실제로 농민들은 칫솔, 치약, 외국산 커피, 간편식, 기성복 등을 거의 사용하지 못하지만, 온갖 종류의 도구, 씨, 화학비료, 모포, 포근한 편직물로 만든 내의 및 가죽구두 등을 필요로 한다.

이 분석에서 우리는 도시의 중심부와 농촌 사이에는 항상 일정 정도의 대립이 존재하며 현재는 이러한 대립이 한층 더 강해지고 있음을 볼 수 있다. 이후에도 커다란 변화가 없다면 이러한 대립은 지속될 것이고 이것은 농촌 지역이 계속해서 불리한 위치에 서게 된다는 것을 의미한다. 이러한 상황에서 도농 관계의 냉각은 농민들에게는 도움이 되겠지만 도시민들에게는 매우 부정적인 영향을 줄 것이다. 이 점을 이해하면 우리는 왜 최근의 중일전쟁 동안에 중국의 내륙지역 농촌이 번영했을 뿐 아니라 농촌합작사(農村合作社)가 왜 그렇게 빨리 발전했는지를 이해할 수 있다. 그리고 이러한 사실은 왜 공산당 통제지역에서 도-농 관계의 악화를 그다지 두려워하지 않았으며, 또 내전 시기에 중국 도시들의 경제가 정상 궤도에서 벗어났는가를 설명해 주고 있다. 최근 100년 동안 중국의 도시와 도읍들은 여전히 정상적인 생산기지를 확보하지 못한 채 외국 제품을 분배하는 기지로서의 역할을 수행했다. 당시 외국 제품들은 아직 중국 농촌에 거의 진입하지 못하고 있었지만, 중소도시에서 소비되는 제품은 도시에서 교환되어 온 외국 제품이었지 지방에서 생산한 수공업 제품이 아니었기 때문에 이미 농촌의 부를 조금씩 빼가고 있었다. 그러나 도시 거주민들과 농촌 거주민들의 관계가 단절되었을 때, 구제와 각종 대출을 통한 자금 지원 외에 도시 주민들의 수입은 끊기게 되고 외국 제품의 진입도 중단되었다. 그러나 이런 현상이 언제까지나 지속할 수는 없었다.

도-농 격차의 확대

근대적 도시의 산업과 상업은 농촌에 거주하는 생산자의 구매력 지원을 받지 않는다. 근대적 상품시장은 도시와 중소도시의 주민들을 대상으로 형성되며, 이들의 구매력은 주로 농촌에서 거둬들인 소작료와 이자 형식의 수입에 의존한다. 도-농 간의 단절은 이렇게 농촌으로부터의 수입에 의존해 생활하는 도시 사람들을 직접 위협할 뿐 아니라, 중소도시 경제의 전통적 조직구조에도 영향을 끼쳤다. 도-농 간 전통적 관계를 계속해서 유지하기 위해 이자소득으로 살아가는 계층은 폭력적인 방식을 사용해서라도 강제적으로 이런 봉쇄를 해체할 필요가 있다. 나는 현재의 내전이 발발한 진정한 원인 중의 하나가 바로 이런 이유라고 이해하고 있다. 이 내전은 전통적인 특권계층이 전통적인 의무의 수행을 거부한 민중들을 향해 일으킨 전쟁이다. 따라서 이런 도-농 충돌이 계속 진행된다면, 이미 수 세기 동안 축적된 적대감이 더욱 격렬해져서 중국의 경제구조가 진정으로 변하지 않는 한 농촌과 도읍 간 적정한 관계를 재형성하기가 불가능할 것으로 보인다.

도읍의 파산, 농촌 마을의 좀 더 원시적 수준으로의 후퇴 같은 상황이 지속한다면 중국 경제는 전체적인 쇠퇴에 직면하게 될 것이다. 문제는 '어떻게 도-농 관계를 회복시킬 것인가?'인데, 회복방안은 아주 명확하다. 즉 앞에서 언급한 것처럼 농촌과 도시가 생산과 소비에서 서로를 보완해야 한다는 원칙을 준수하려고 노력해야 한다는 것이다. 그러나 이런 목표를 실현하는 것은 상상보다 훨씬 어렵다. 문제의 본질은 도시와 중소도시들이 농촌에 대한 지속적인 착취 없이 어떻게 자신의 생산기지를 유지할 수 있을 것이냐이다. 농민들의 관점에서 보면, 어떤 방식으로 농촌 수공업과 환금작물을 발전시키면서 자신의 수입을 증가시킬 것냐가 문제이다. 도시와 농촌은 모두 중요하며 함께 공존해야 한다. 그러나 주도적인 변화는 반드시 도시로부터 온다. 전통적 도읍의 가장 근본적인 지점은 일단의 기생적인 소비자 집단이 통제하던 전통적인 도읍을 새로운 생산지역으로 변화시켜서 그들이 높은 소작료나 과도한 대출 이자에 의존하던 방식에서 탈피해 이곳에서 활로를 찾도록 하는 것이다. 바꿔 말하면, 중요한 문제는 토지제도를 개혁하는 것이다.

7장

농촌 지역사회의
사회적 부식

사람과 토지의 부식

데이비드 릴리엔솔[1]은 자신의 저서 『테네시 계곡 개발 공사』(1944)에서 '채광'採鑛이라는 단어를 사용해 토지가 부족한 남부에서 면화를 재배하는 방법론을 묘사했다. 이 방식은 오직 일모작一毛作을 위해 토지의 풍요로운 지력을 모두 사용해 토지를 고갈해 버려서, 심지어 화학비료를 사용하고도 토지의 부식腐蝕이라는 부정적 효과를 극복하지 못했다. 홍수洪水는 토지의 부식과정을 한층 악화하는 작용을 하는데, 최소한 직접적으로 토지를 덮어주고 있는 작물을 감소시키고 또 숲을 파괴해서 토양 속의 유기물질들의 수분 보유 능력을 감소시킨다. 바로 이런 유형의 부식을 통해 원래 매우 비옥했던 테네시Tennessee 유역의 토지는 척박하고 비생산적인 불모의 땅으로 변해 버렸다. 릴리엔솔의 테네시 계곡 개발 공사(이하 TVA) 공정은 바로 자연계의 유기적 균형을 재건하는 것이었는데, 그 이유는 바로 인간

---

1. 데이비드 릴리엔솔(David E. Lilienthal, 1899~1981)은 미국의 법률가·행정관이다. 하버드대학교에서 법률가로서의 자격을 얻은 후 시카고에서 활약하였다. 테네시 계곡 개발공사(TVA)의 장관과 원자력위원회 위원장을 지냈다.

이 자연을 무시하기보다는 자연을 이해하면서 조화를 이뤄 1년에 한 번씩 찾아오는 홍수를 잘 관리해 인간에게 도움이 되도록 활용해야 하기 때문이었다.

내가 여기서 TVA에 대해 언급한 이유는 릴리엔솔의 생각을 자세하게 설명하기 위함이 아니라 릴리엔솔이 서술한 토지의 부식과 오늘날 중국의 사회적 발전과정을 좀 더 확실하게 비교해 보기 위함이다. 현재 중국의 상황에서 우리는 토양을 보호하기 위한 원칙을 촉진하는 데 흥미를 갖고 있다. 그러나 우리는 이 개념을 일반적인 농촌 생활, 즉 인재들과 인적 자원을 보호하고 격려하는 개념으로 확장해야 한다. 내가 TVA의 실험에 대해 고민하면서 좀 더 명확하게 느꼈던 점은, 중국의 농업 문제는 단순히 기술적인 문제가 아니라 관습·제도·도덕성·지휘체계 등 적어도 과거에 중국인들의 삶을 유지하는 데 함께 작용했던 요인들과도 관련이 있다는 사실이다. 그러나 내가 보기에 최근 100년 동안의 중국에서는 테네시 유역에서 진행된 것과 유사한 사회적 부식 현상이 발생한 결과 빈곤, 질병, 억압 그리고 고난을 초래했다. 전통사회의 조직구조에서는 대다수의 사람이 하나의 체계 안에서 그 체계에 의지해 생활할 수 있었다. 생활 수준은 매우 낮았지만 그들의 삶에 위험이나 혼란은 없었다. 하나의 안정된 사회조직이 존재했기 때문에 대다수의 사람이 과도한 기아 상태에 빠지거나 고난을 당하지 않았다. 이러한 전통적 생활방식은 세심하게 토양을 보호하는 경제적 기초 위에서 건설되었으며, 비옥한 대자연의 어머니인 토지가 파괴되지 않도록 보호했기 때문에 토지의 비옥肥沃한 상태를 유지하면서도 사람들이 계속해서 토지에 의존해서 생활을 영위할 수 있었다. 중국인들의 태도는 자연을 착취하는 것이 아니라 자연에 순응하고 적응하는 것이었다. 나는 릴리엔솔의 저서에서 그가 중국인의 목표에 매우 근접한 작업을 진행한다는 사실을 발견했다.

어떤 방문자든 중국 농민의 생활을 관찰할 기회가 있다면, 그들이 토지와 밀접한 관계를 맺고 있음을 발견하게 될 것이다. 이들 농민은 토지에서 자라난 것들을 아주 조심스럽게 사용하고 마찬가지로 그것들을 다시 토지로 돌려보낸다. 이런 방식에서 인간의 삶은 토지에 대한 착취가 아니라 유기적 순환의 한 과정일 뿐이다. 실제로 사람이 삶을 마감하면 땅에 묻힐 때만 안정을 찾을 수 있다. 여기에 사람과 토지의 밀접한 관계가 존재하고 있다. 이런 관계는 아주 중요한데, 그 이유는 인간이 죽음이 임박했을 때 자신이 태어났던 고향으로 돌아가기 때문이다. 모든 사람의 삶의 궤적은 인류 역사의 일부로서, 이것은 토지의 생명력과 평행을 이루고 있다.

향토사회에서 사람과 토지는 아주 강렬한 유대감으로 연결되어 있다. 중국인들은 이런 감정을 상재지정桑梓之情이라고 부른다. '뽕나무'桑와 '가래나무'梓는 고대 중국에서 집 주변에 심었다. 이것은 인간이 땅에서 영양분을 취하는 식물들과 비슷하다는 것을 암시한다. 생명의 활력이 넘치는 봄이 지나가고 가을이 되면 낙엽이 뿌리로 돌아가듯이 인간은 땅으로 돌아가서 줄기에 적시適時에 비료를 주는 것과 같은 역할을 한다. 인간과 자연의 진정한 관계를 인정하는 이런 관념은 생명의 기본적인 통일성을 강조하고 있다. 그러나 이런 종류의 애착이 극단에 도달하면 비합리적으로 변하고 심지어는 황당한 상황이 나타나게 된다. 예를 들면, 해외에서 노동자로 밤낮을 가리지 않고 일해서 푼푼이 돈을 모아 고향에 보내 땅을 조금씩 사들이는 것은 단지 자신이 죽은 후 안식을 취하게 될 관을 먼 외지에서 고향으로 가져와 유품으로 남기고자 하는 관념 때문이다. 사후에 고향으로 돌아가 묻히고 싶다는 정서를 서양 사람들은 이해하기 어렵다. 그러나 중국의 전통문화에서 이런 감정은 극히 중요한 것이다. 내 조상 중에 고급 과거시험에 합격한 후 원난성에 파견되어 소금 채취를 감독했던 분이 계셨는데, 당시 원난성은 아주 먼 변방이었을 뿐 아니라 더 무서운 것은 말라리아가 창궐猖獗하고 있었다. 실제로 내 조상은 원난성에 도착한 지 얼마 후 말라리아에 걸려 곧바로 사망했다. 그에게는 젊은 동생이 한 명 있었다. 그는 이 소식을 접한 후 원난성에 가서 형님의 관을 고향으로 가져오기로 결심했다. 그는 몇 년 동안의 준비를 거쳐 여비를 마련한 후 엄청난 고생과 위험한 상황을 겪은 후 마침내 관을 고향으로 가져오는 데 성공했다. 근대적인 사고방식으로는 전혀 불필요한 이런 임무를 수행하기 위해, 그는 자신의 미래를 희생했을 뿐 아니라 과거에 합격할 기회도 포기하며 생명의 위험까지 무릅썼다. 그러나 이 사건은 우리 가문의 족보에 기록되었다. 그 이유는 이 사건이 우리 가문에서 벌어진 진정으로 커다란 사건이었기 때문이다.

이런 중요하고 강력한 친족 간의 유대감이 인간과 자연의 상징적인 유대감으로까지 확장되었다는 점을 느끼지 못하는 사람은, 이런 근본적인 감정을 이해할 수 없을 것이다. 가장 좋은 것은 고향을 떠나지 않는 것이지만, 만약 이미 떠났더라도 반드시 돌아와야 한다. 2차 세계대전 중 나는 유럽에서 거대한 유람선의 일반 선실에 앉아 귀국하던 중 중국 상인 몇 명을 만났는데, 그들은 오랫동안 프랑스에서 옥玉을 팔아 생계를 유지하고 있었다. 그들은 중국어 외에 다른 외국어를 할 줄 몰랐으며 외지의 생활에도 적응할 수 없었다. 그들은 한 푼이라도 더 아껴서 힘들게 번 돈을 자신의 고향으로 보냈는데, 그 이유는 자신의 친척들이 집을 수리할 수 있도록 하기 위해서였다. 독일 나치 세력이 국경을 봉쇄하자 그들은 생명의 위험을 무릅쓰고 돈을 빼돌렸으며 이제는 늙고 지쳐서 고향으로 돌아가는 중이었는데 그 이유는 고향에 돌아가서 여생을 즐기려는 것이 아니라 삶의 최후를 고향에서 맞이하기 위한 것이었다.

아침 일찍 길거리에 나가 거름을 모으는 농민들의 첫 행동부터 죽어서 관속에 누워 땅에 묻힐 때까지의 모든 행동은 토지에 대한 자연과 인간의 대순환의 일부였다. 나는 바로 이런 관계의 힘이 오랜 세월을 거쳐 축적되면서 중국 문화를 유지했다고 생각한다. 그러나 나는 독자들이 내가 이런 사고방식을 옹호하는 것으로 오해하지 않기를 희망한다. 나는 단지 중국인들의 생활 중에 이런 정신의 존재, 특히 내가 '사회적 부식 과정'이라고 불렀던 관계의 존재에 대해 강조하고 싶을 뿐이다.

내 고향 아이들의 이름 중 가장 흔한 이름 중의 하나는 아근阿根이었는데, 인간은 원래 '뿌리'가 있다는 의미다. 사람은 나뭇가지가 뿌리에서 자라 나와 뿌리의 힘에 의존해 성장한 것과 비슷한 유형의 삶을 산다. 인간의 뿌리는 가정·마을·종교 및 민족 등과 같은 사회의 물질적인 복지와 교육의 혜택을 받는다. 이들 뿌리는 릴리엔솔이 '미국의 생활'에서 '풀뿌리'라고 언급한 것들과 비슷하다. 사회적인 시각에서 보면, 사람이든 식물이든 마지막에는 결국 자연으로 돌아가야 한다. 만약 석탄을 채굴하는 과정에서 기본적인 요소가 다 소진된다면, 일정한 기간이 지난 후 이 지역 사회는 파산을 피할 수 없을 것이고 번성과 쇠락의 순환은 매우 복잡해질 것이다. 이것이 진행되는 과정의 형태를 보면 TVA가 대표하는 순환과정은 복잡하지만, 중국 농업의 순환과정은 비교적 단순하다. 이 공동체의 발전이 크고 왕성할수록 농민들의 생활 수준도 높아진다. 그러나 이런 순환과정이 간단하든 복잡하든 반드시 상호작용하는 순환과정을 유지해야 한다. 석탄을 채굴하는 것은 잠깐 동안의 수익을 보장하지만 결국에는 모든 자원을 소진해 버리고 그 지역은 귀신이 나올 것 같은 유령 마을로 전락해 버리기 때문에 자살행위나 마찬가지다. 해당 지역의 환경에서 충분한 영양분을 섭취할 수 있을 때, 그 지역은 건강한 지역이 될 수 있다.

고향을 등진 농촌 출신의 청년들

우리 전통문화에서 유능한 인재들은 지역사회에 분포해 있다. 최근 판광단[2] 교수와 나는 황실 고급시험[중국의 각 성省에서 치르는 시험보다 단계가 높음]에 합격한 915명의 출신 지역을 분석했다. 그들의 지역 분포를 살펴보면 52.5%가 중국의 전통 도읍 출신이고, 41.46%는 농촌 출신, 6.43%는 중간 규모의 도읍 출신이었다. 출신 성을 기준으로 구분한다면, 중국의 북방 4개 성인 산둥山東·안후이安徽·산시山西·허난河南성 등으로 농촌 출신 비율이 도시 출신보다 많았다. 장기간의 학문적 훈련 기간이 필요한 영역에서도 여전히 과반수의 학생이 농촌 출신이었다. 그리고 더욱 의미가 있는 것은 그들의 부친이 교육을 받은 것과 관

2. 판광단(潘光旦, 본명은 光亶, 1899~1967)은 사회학자이자 우생학자다. 미국 유학 후 상하이, 쿤밍 등의 대학에서 후학을 양성하다 칭화대학에 정착했다. 1957년의 반우파 투쟁과 1966년 시작된 문화대혁명 기간에 우파로 몰려 고초를 당했다. 저서로는 『우생학』(优生学), 『중국의 가정문제』(中国之家庭问), 역서로는 『성심리학』(性心理学) 등이 있다.

계없이 과거시험에 합격한 사람의 비율은 도-농이 대체로 비슷했다. 과거시험에 합격한 사람 중 부친이 교육받은 사람의 비율이 좀 높았는데 도시에서는 68 : 32, 농촌에서는 64 : 36였다.

이런 사실은 중국에서 재능과 학식이 있는 사람들이 서구 국가들과 달리 대도시에 집중해 있지 않다는 점이다. 소로킨[3]의 이론에 의하면, 서구에서는 어떤 사람이 도시 사람이 되지 않으면 성공할 가능성이 거의 없다. 그러나 중국에서는 '모든 사물은 결국 근본으로 돌아간다.'[叶落归根]는 전통이 농촌 인구가 적정량을 유지할 수 있게 도왔다. 높은 사회적 지위를 누렸던 사람도 자신의 고향을 잊지 않고, 적어도 나이를 먹어 은퇴할 시기가 되면 고향에 돌아와 외지에서 획득했던 특권과 장점을 이용해 모든 노력을 다해

---

3. 피티림 소로킨(Pitirim A. Sorokin, 1889~1968)은 20세기의 선구적인 사회학자다. 젊은 시절 러시아에서 급진적인 현실정치에 개입하였고, 볼셰비키 정부에 의해 추방당한 후 하버드에서 논쟁적인 학자가 되었다. 그의 『사회문화적 역동성』(4권, 1937~41)은 그가 경험했던 사회적, 역사적 변동을 반영한다. 문화체계의 발생과 몰락에 관한 그의 연구는 동시대인인 아놀드 토인비(Arnold Toynbee)와 유사한 한편, 그는 근대 사회학의 최초의 사회학적인 예언자 앙리 생시몽(Henri Saint-Simon)의 후예와도 같은 관점을 가지고 있다. 『사회이동』(*Social Mobility*, 1927), 『미국에서의 성의 혁명』(*American Sex Revolution*, 1957), 『인간사의 요소로서의 기근』(*Human Affairs*, 1975) 등의 저서가 있다.

지역사회를 위해 봉사한다. 따라서 어떤 지방에서 뛰어난 인물이 하나 배출되면, 그가 후일 고향에 돌아와서 다른 사람들의 출발을 도와주기 때문에 더 많은 사람이 성공할 수 있다. 과거에는 능력 있는 사람들도 자신의 고향을 영원히 떠나지는 않았다. 그 결과 지식인들이 농촌생활을 누렸을 뿐 아니라 같은 지방에 사는 다른 사람들을 고무하고 격려하는 역할도 수행했다.

그러나 현재의 상황은 완전히 달라졌다. 농촌에서 태어나 외지에서 공부한 사람들은 자신의 고향에 돌아가 어떤 유용한 역할을 하지 않는다. 최근에 나는 실업의 위기에 직면한 대학생들을 환송한 적이 있다. 한 선생님이 그들에게 고향으로 돌아오라고 권하고 다른 사람들도 그렇게 하는 것이 좋겠다고 찬성하지만, 현실적으로 말하자면 그들은 돌아갈 수 없다. 실제로 졸업한 학생이 고향으로 돌아간 사례에 대해 나는 한 번도 들어본 적이 없다. 반대로 그들은 여전히 도시에 남아서 어떻게든 직장을 구하고 있거나 실업자로 남아 있고 어떤 경우에는 친구에 의지해서 살아가고 있다. 그들이 고향에 돌아가지 않는 이유는 그들이 돌아가기를 원하지 않아서이기도 하지만, 그들에게 고향에서의 생활은 비현실적이기 때문이기도 하다. 그들이 고향을 떠날 때 어떤 조직적인 힘이 그들의 출향을 격려했는데, 바로 그들의 부모, 형제 및 기타 친척들이 모든 노력을 다해 도시로 가려는 그들의 꿈이 실현될 수 있도록 도왔다. 이를 위해 일부 가정에서는 애지중지하던 땅을 팔거나 심지어 돈을 빌리기까지 했다. 그러나 이 젊은이들이 학교를 졸업하고 불과 몇 년 동안 떠나 있었을 뿐인데 이미 고향과의 연계가 단절된 것을 발견하게 된다. 고향에서 대학생들이 할 수 있는 일은 없다. 근대화된 대학에서 학생들은 서구의 과학과 기술을 배울 뿐 아니라 새로운 생활방식과 사고방식에 익숙해졌는데, 이런 것들은 고향의 그것과 완전히 다르다. 이런 변화는 그들에게 자신이 고향의 생활 및 사고방식과 완전히 달라졌다는 것을 느끼게 하기에 충분하다. 따라서 오늘날의 대학생들은 고향에는 자신과 대화할 사람도, 자신을 이해할 사람도 없다고 느끼며 심지어는 자신의 친족들과도 소원해졌다고 느끼게 된다. 중국의 대학이 농촌에서 일할 사람을 위해 준비된 것이 아니기 때문에, 만약 그가 고향에 돌아간다면 그는 자신이 학교에서 배웠던 지식을 응용할 수 있는 적합한 직업을 찾을 수 없을 것이다. 그가 대학에서 배우게 될 지식은 외국에서 수입된 보편적 지식이다. 물론 지식에는 국경이 없고 오늘날 중국의 신속한 근대화를 위해 서구의 지식을 도입할 필요가 있다. 그러나 문제는 대학에서 훈련받은 내용을 학생들이 고향에서 일종의 과도기적 교량 역할을 할 수 있도록 적용할 수 없다는 데 있다. 이런 교량 역할을 할 수 없다면 현대적 지식은 어떤 효율성도 갖지 못한 채 허공을 맴돌 뿐이다. 그 결과 농촌은 계속해서 자신의 아이들을 도시로 내보내면서 동시에 자신의 재산과 인재들마저 빼앗기고 있다.

이런 사정은 중국의 대다수 대학생뿐 아니라 중등과정에 있는 학생들 역시 마찬가지다. 나는 윈난에서 도읍 가까운 곳에 있는 한 마을을 연구한 적이 있는데, 아주 가까운 곳에 농업학교가 있고 채소·과일·꽃 등 원예 사업으로 생활을 유지하는 마을이었다. 마을 주민은 학교의 농장을 가리키면서 나에게 "학교 선생님과 학생들이 배추를 심었는데 마치 꽃을 심은 것처럼 보인다. 이렇게 하면 수지가 맞지 않는다."라고 말했다. 다른 한편으로 현대적 농업교육을 받은 교사는 우리에게 "농민들이 심은 배추는 개량되어야 한다."고 말하면서 개량된 품종들을 우리에게 보여 주었다. 물론 양쪽의 주장에 모두 일리가 있지만, 불행하게도 학생들은 학교를 떠난 후 현대적 기술이나 실험 방법을 사용하지 못했는데 그 이유는 그들의 가정이 이런 장비들을 갖추지 못했거나 또는 그들의 부모들이 그렇게 하기를 원하지 않았기 때문이다. 학교와 농민 사이에 좁히기 어려운 간극이 존재하는 것 같았고 농민들은 학교로부터 배울 준비가 되어 있지 않았다. 그 결과 이 농업학교의 졸업생들은 초등학교 선생님이 되거나 아니면 장교가 되기 위해 군사학교에 들어갔고, 그렇지 않으면 읍내에서 아무 일도 하지 않은 채 빈둥거리면서 시간만 낭비했다. 자녀들을 학교에 보낸 가장들은 교육이 자녀들을 관리가 되게 해 줄 것이라는 전통적인 관념을 갖고 있다. 그러나 그들은 자신의 자녀들이 대도시에서 직업을 찾기 위해 필요한 교육을 할 만한 충분한 돈을 가지고 있지 않다. 다른 한편으로, 이미 몇 년 동안 교육을 받은 젊은이들이 고향에 돌아가 농사를 짓는다는 것은 그와 가족에게 불명예스러운 일이었다. 결국 그들은 진퇴양난의 상에 처하게 된다. 최근 수십 년 동안 군대와 당 조직(국민당)에서 이런 사람들을 흡수했는데, 나는 이런 현상이 현대 중국의 파시즘적 경향을 일정 정도 설명해 줄 수 있다고 믿는다. 전쟁 전 일본에서 발생한 한 사건이 떠오르는데 농촌에서 도시로 온 젊은이들이 다른 직업을 찾지 못하자 정치와 군사기구의 도구로 전락했으며, 때때로 심지어 무책임하게 정권을 탈취하려고 시도하는 극단

주의 사상이 도래했다. 과거에는 전통적 교육체계가 이런 사람들을 보살폈는데, 그들은 과거를 통해 관리가 되고 지역사회에서 사회적 신분이 높은 낮은 직급의 신사^{小紳士}가 되었다. 동시에 그들은 계속해서 일을 하면서도 더 높은 과거시험에 합격할 수 있다는 희망을 가질 수 있었다. 그러나 현재의 교육체계와, 현대화된 도시와 내륙지역 교육 수준의 차이가 확대되면서 그들의 이런 포부는 완전히 물거품이 되어버렸다.

도시에서 대학 졸업생들이 중등학교 졸업생들보다 직업을 더 쉽게 찾는 것은 분명하지만, 본질적으로 그들의 문제는 비슷하다. 우선, 그들이 받았던 현대적 방식의 훈련으로 전통적 방식을 개혁할 수 있는 가능성이 매우 적다. 다음으로 그들은 생산 활동에 의존해 생활을 도모하는 것이 어렵기 때문에, 필연적으로 정치적으로 권리와 이익을 위해 투쟁해야 한다. 이 결과 일부 빈곤한 지역의 행정 부서들은 수많은 정치적 '관료'들을 떠안아야 한다. 이런 현상은 왜 우리의 일부 행정 기구들이 비효율적인지를 설명해 준다. 따라서 나는 현재의 교육체계가 중국의 현대화 달성이라는 기능을 성공적으로 담당하지 못하고, 반대로 부유한 농가의 자녀들을 도시로 불러냈지만 유용한 교육을 제공하지도 못하고 있는 현실에 대해 우려한다. 이것이 바로 내가 말한 '사회의 부식 과정'이다.

기생계층

일부 사람들은 현대화란 결국 도시화를 의미한다고 생각한다. 도시는 현대문명의 산물이지만, 도시 주민은 반드시 농촌으로부터 충원되는데 그 이유는 도시는 스스로 인구를 확충할 수 없기 때문이다. 농촌에서는 능력이 있는 사람이라도 발전할 기회가 많지 않지만, 일단 도시에 도착하면 발전할 수 있는 좀 더 많은 기회를 찾을 수 있다. 이런 의미에서 도시는 인간이 역량을 마음껏 발휘할 수 있는 지역이다. 우리는 농촌의 잠재력은 오직 도시화 과정을 통해서만 발휘될 수 있다고 말할 수 있다. 그러나 이런 원칙이 중국에서는 완전히 타당성을 인정받기가 쉽지 않다. 앞에서 나는 릴리엔솔의 작업에 대해 언급했는데, 설령 미국에 대해 적용하더라도 그가 말한 원칙이 반드시 옳다고 말할 수는 없다. 특히 미국의 남부지역은 중국과 거의 유사한 사회적 부식 현상이 나타나고 있다. 이 지역은 중국과 마찬가지로 유기적 순환과정이 이미 파괴되었으며, 사람과 부 역시 지속적으로 빠져나가고 있다. 내가 이해하고 있는 TVA 사업의 목표는 내가 앞에서 언급했던 연결체계를 구축해서 현대적 지식을 도입하고 이러한 유기적 순환과정을 회복해 다시 번영하는 것이다. 이러한 연결체계를 구축하기 위해서는 근대적 기술 지식뿐 아니라 근대적 교육을 받은 후 고향으로 돌아가 자신들의 지역사회에 봉사할 수 있는 인적 자원들도 활용할 필요가 있다. 이러한 매개체가 없는 도시의 발전은 사회적 구조의 괴리를 초래할 것이다.

현재 대도시 중심의 발전은 몸속의 악성 종양腫瘍과 같다. 중국은 지금 그러한 잘못된 발전 경로의 쓴맛을 보고 있다. 앞 장에서 나는 도시와 농촌의 불리한 경제적 관계에 관해 설명했는데 여기서는 단지 문화적 관점에서 이러한 관계에 대해 보충하려고 한다. 나는 근대적 도시는 서구 문명을 대표하고, 농촌은 전통적인 중국 문명을 대표한다고 생각하지 않는다. 내가 생각하기에 중국의 근대적인 도시들은 서구와 동양의 접촉 산물이다. 서구 문화를 접촉했던 사람들은 이미 자신의 생활 및 사고방식을 바꿨으며 더 이상 농촌에서 생활하는 것이 불가능해졌다. 그들 중 일부는 새롭게 성장하고 있는 도시의 기업들에 진입하겠지만, 이런 기업의 숫자는 한계가 있기 때문에 일부 사람들은 어디에도 정착하지 못하고 거리를 배회하게 될 것이다. 이로 인해 새로운 유형의 사람이 탄생한다. 이들은 도시와 농촌에서 생산 노동에 종사하기보다는 정치권력을 잡기를 원하는데, 이런 유형의 사람들은 직접적이든 간접적이든 모두 농촌으로부터 온다. 서구와 교류하기 전에는 과거제도가 이런 사람들을 수용했다. 그들은 신사계층이었고 농촌 또는 소도시에서 생활했다. 공자의 말을 빌려 표현하자면 그들의 역할은 '지인'知人, 즉 지식인이었다. 분명히 이런 사람들은 기생하는 사람들이었다. 이들은 노동하는 농민들에 기대어 생계를 유지했으며 그들의 주요 수입원은 소작료地租였다. 그러나 그들은 계속 농촌에서 생활했기 때문에 적어도 농촌의 부가 대규모로 유출되지는 않았다.

중국의 근대화된 도시에서 기업들이 신속하게 발전했더라면 이미 농촌에서 도시로 진입한 사람들이 빠르게 자신의 위치를 찾을 수 있었을 것이다. 그렇게 되었더라면 농촌은 일정 정도 부식했더라도 도시의 번영으로 보상받을 수 있었을 것이다. 미국의 TVA처럼 중국도 역으로 도시의 편익을 농촌에 되돌려 줄 수 있었을 것이다. 그랬다면 중국의 상황은 달라졌을 것이다. 그러나 불행하게도 중국은 여전히 반식민지 상태에 처해 있어서 대규모의 산업발전이 쉽지 않다. 서구 문명의 본질인 산업주의는 아직 진정으로 유입되지 않았다. 현재 유입된 것은 이런 문명의 비교적 표면적인 일부 요인들, 즉 물질적 편안함과 그것을 향유하는 것 정도일 뿐이다. 그러나 중국에는 아직도 이런 감각적인 것들을 누릴 수 있는 물적 토대가 형성되지 않았다. 이러한 전통적 토대의 부족으로 인해 표면적으로는 서구적인 삶을 살지만 서구적이지도 않으면서 동양적이지도 않은 특수한 계층의 사람들이 탄생하게 된다. 이들은 서구와 동양의 전통적 기초를 모두 결여한 채 표면적으로만 서구의 문화를 향유하는 사람들이다. 이들은 중국이 직면한 비극의 피해자인 동시에 중국을 이러한 비극적 상황으로 안내한 인솔자이기도 하다.

도도한 변화의 충격 아래서

토지가 부식되는 시기에, 토지는 발가벗은 상태에 처하게 된다. 초목草木으로 덮이지 않은 토지는 수분을 유지할 수 없게 되고 결국 홍수가 발생하며 사람들에게 커다란 재앙을 가져온다. 마찬가지로 사회의 부식도 인구의 유출을 야기한다. 사회적 부식과정에서는 처음에는 경제적으로 부유하고 좀 더 나은 교육을 받은 사회의 상위 계층의 사람들이 더 이상 남아 있을 이유를 찾지 못하고 지역을 탈출한다. 그러나 부유하고 유능한 사람들이 떠나간 후에도 도시산업의 농촌에 대한 압박이 지속하여서 농촌 사람들을 한 층 더 곤궁한 상태로 빠트린다. 그리고 극빈층은 더 이상 남아 있을 수 없어 토지를 포기하고 농촌을 떠나게 된다. 이렇게 사회의 상류층과 하층이 지역사회를 떠나고 농민 중 중간계층만 남게 된다.

위에서 언급했던 생산 노동에서 이탈한 사람들이 일종의 새로운 기생계층을 형성하게 된다. 농민들은 순박하면서도 잘 조직되지 못했기 때문에 매우 쉽게 이런 사람들에게 사기를 당한다. 내가 한 농촌 마을에 머물고 있을 때, 건달 한 명이 내가 머물고 있던 집주인에게 사기를 치려고 했다. 그는 집주인에게 아들이 군사학교에서 탈영한 상태라고 말했다. 사실 주인의 아들은 아무런 잘못도 저지르지 않았으며 이 건달은 주인에게 사기를 치려고 했던 것뿐이었다. 내가 그에게 "당신은 농촌 사람인데, 만약 어떤 사람이 당신처럼 당신 고향에 가서 사기를 치면 당신은 기분이 좋겠는가?"라고 말하자 그는 아무런 대답도 하지 못했다. 나는 아무것도 할 수 없는 이런 사람들이 상당히 불쌍했다.

그러나 바로 이런 사람들이 농민들의 분노를 불러일으킨다. 수많은 명목의 징집도 몹시 어려운 문제다. 정부는 농촌의 모든 건장한 사람들을 군대로 끌고 간다. 그러나 이들이 전역한 후에는 어느 누구도 관심을 갖지 않는다. 농민들은 "군대에 가서 병역을 마치고 돌아온 사람들은 아무도 농사를 지으려 하지 않는다."고 말하는데, 그 이유는 일단 군대에 갔다 온 사람들은 더 이상 조직적이지도 않고 순종하지 않으며, 반대로 함부로 약탈하거나 거친 행동을 일삼기 때문이다. 따라서 징집은 사회의 부식 과정을 가속화한다. 제방이 붕괴하고 홍수가 발생해 생존에 위협을 느끼면 농민들은 반란을 일으키게 된다. 중국은 삶·경제·정치 및 도덕의 붕괴에 직면해 있으며, 새로운 지도자와 개혁을 필요로 한다.

엮은이 주4

생각이 깊고 편견을 갖지 않은 대다수의 중국인들은, 특히 1946~1949년 동안의 내전 말기에, 억압적인 방식을

---

4. 7장의 마지막 절은 영어판 엮은이 마가렛 레드필드가 덧붙인 부분이다.

선택해 민중들로부터 신뢰를 상실한 우파보다는 좌파에게서 새로운 지도력과 개혁을 찾으려고 했던 것처럼 보인다. 페이샤오퉁이 당시 공산주의 이론과 공산당의 지도領袖에 기대어 중국의 '해방'을 추구했던 것은, 중국공산당이 러시아나 서구의 이론을 맹목적으로 추구하지 않고 중국적인 것을 근본으로 삼고 있었다고 판단했기 때문이다. 1947년 영국 정경대학에서 진행된 강연에서 페이샤오퉁은 "중국 문제를 해결하면서 중국의 애국자들은 외국에 협력을 원했지 지배를 원하지 않았다는 점"을 전달했는데, 그 구체적인 내용은 다음과 같다.

> 만약 서구 세력이 현재의 기술적 발전 단계에서 일종의 새로운 구조, 즉 통합적인 사회체계를 완성했다면, 동양의 문제를 해결하는 것이 좀 더 쉬웠을 것으로 판단되고, 단지 해외에서 이식된 이런 새로운 형태의 것들을 학습하는 것으로 충분했을 것이다. 그러나 만약 이런 새로운 질서가 사회적 만족이나 행복 등 더 많은 물질적 발전을 제공한다면, 단지 익숙하지 않기 때문에 나오는 거부감이나 반항은 좀 더 나은 제도를 통해 해결할 수 있을 것이다…이런 것들을 실천하는 것은 어느 정도 어려움이 뒤

따른다. … 인간과 자연의 관계의 중요성을 부정한 유교의 결함이 우리와 근대 서구 문명과의 경쟁을 불가능하게 만들어 버렸다는 점은 아주 명백하다. 그러나 사회적 관계의 상응하는 발전에 대해 적절하게 고려하지 못하면서 단편적으로 서구의 물질적 풍요로움만을 강조하는 것 역시 위험하다. 따라서 중국 사회의 변화과정이 단지 서구문화의 단순한 이식에 그쳐서는 안 되고, 조화와 통합이라는 정신적 유산에 부응해 사회구조의 재건이 진행되어야 한다는 점은 아주 분명하다. 이런 두 종류의 발전을 어떻게 조화롭게 진행할 수 있을 것이냐가 현재 혼란에 직면한 중국의 문제를 해결하는 과정에서 관건이다. 지금 심각한 경제적, 정치적 혼란에 처한 중국이 현재의 혼란스러운 상황을 극복할 수 있는 방안은 이런 두 유형의 발전을 조화롭게 잘 운용하는 것이다. 이런 혼란은 명확한 목표 없이 변화가 진행되는 과정의 주요한 징후이다. 중국이 망해 버린다면 모를까, 그렇지 않다면 우리는 수천 년 동안 우리가 계승한 역사적 경험에서 스스로 해결 방안을 찾아야 할 것이다. …

농민과 신사

중국의 사회구조와 그 변화

수많은 발달한 지역사회에서 부자와 가난한 사람들 간의 대립은 일반적으로 모종의 사회적 분화를 유발한다. 벤저민 디스라엘리[1]는 자신의 저서 『시빌』에 "두 개의 국가"라는 별칭을 부여했다. 이 책은 19세기 영국의 사회생활을 묘사하고 있다. 이 '두 개의 국가'라는 별칭을 사용해 우리의 전통적인 중국을 묘사하더라도 매우 좋을 듯하다. 아

---

1. 벤저민 디스라엘리(Benjamin Disraeli, 1804~1881)는 영국의 정치가이자 문인이다. 빅토리아 여왕 재위시 재무장관, 수상 등을 역임한 전형적인 제국주의 정치가였으며, 영국 정치소설의 개척자로, "청년 영국" 삼부작 『커닝스비 ; 또는 새로운 세대』(*Coningsby ; or, The New Generations*, 1844), 『시빌 ; 또는 두 개의 국가』(*Sybil ; or, The Two Nations*, 1845), 『탠크레드 ; 또는 새로운 십자군』(*Tancred ; or, The New Crusade*, 1847) 등의 정치소설 외에도 『비비안 그레이』(*Vivian Grey*, 1826), 『젊은 공작』(*The Young Duke*, 1831) 등 다수의 작품을 남겼다. 특히 삼부작의 두 번째 작품인 『시빌』에서 빅토리아 시대의 사회위기, 즉 귀족과 민중 간의 완벽하게 상반된 상황을 두 개의 국가에 빗대어 비판했다.

마도 중국 국민의 80% 이상이 농민일 것이다. 그들은 매우 가난하지만, 경제적 생산자이다. 이처럼 공업과 상업이 아직 충분히 발달하지 못한 나라에서 농민은 주요한 생산자이다. 사회구조의 가장 윗부분에 위치한 사람들은 유한계급으로 '신사'라고 불리는데, 그들은 농민들에게서 소작료를 받아 생활하는 아주 소수의 사람이다. 부와 가난은 부자와 가난한 사람의 경제적 차별뿐 아니라 두 계급 간에 커다란 사회적 간격을 만들어 냈고, 그 결과 사람들이 격리되어 서로 다른 생활을 하게 되었다. 비교적 복잡한 사회 구조에서 상층계급에 속한 사람들은, 생각은 복잡하지만 자신의 의사를 명확하게 표현하기 때문에 일반적으로 문화적 소양이 있는 집단으로 인정받는다. 그러나 대다수의 사람은 힘든 생산 노동에 종사하는데 평론가들은 이에 대해 깊은 인상을 갖고 있지 않기에 이들의 노동은 역사적 문헌에도 거의 흔적을 남기지 못하고 있다. 역사가들이 그리스인들이나 로마인들을 치켜세우거나 비난할 때 그들의 머릿속에는 오직 무사와 철학자들만 들어 있다. 서구의 박물관, 예술관 및 베스트셀러 작가의 붓에서 묘사되는 중국 역시 이런 방식으로 칭찬받거나 비판받고 있지 않나? 중국을 대표하는 사람은 단지 소수로서 한가한 신사계급일 뿐이다. 그러나 중국에 대한 전면적인 이해를 위해서는 반드시 가난한 사람과 부자, 그리고 이들 양자의 관계를 포함해야 한다.

1

중국을 이해하기 위한 관건은 농민이다. 농업은 간단한 도구를 사용해 토지를 경작하는 육체노동과 밀접한 관계를 갖는 일종의 생활방식이면서 동시에 하나의 정식 조직이고 또 개인의 행위와 사회적 태도가 결합한 것이다. 농민은 정착해서 생활하고 거의 이동하지 않는다. 자원은 한계가 있기 때문에 인구증가는 노동의 수입을 감소시킨다. 그러나 농민은 토지에 대한 경작을 강화한다. 정성을 다해 경작하는 인간의 육체노동은 진일보한 도구의 개발이나 사용을 방해하고 인구의 증가 때문에 생활 수준도 하락하게 된다. 목축업에서의 노동은 경제적이지 못하다. 고도로 발전한 인력을 응용한 결과는 토지와 농작물이 단지 기본적인 생존 조건밖에 제공하지 못한다는 사실이다. 작업을 주로 손과 발에 의존할 때, 노동 분업의 효과는 감소한다. 이런 세련되지 못한 구조는 적당한 이윤을 창출하지 못할 뿐 아니라, 반대로 복잡한 인간관계를 발생시킨다. 농촌 사회에서는 소규모의 주요 집단들을 언제 어디서나 발견할 수 있다.

농민의 특징은 바로 소규모의 협력 집단들이다. 유목민과는 달리 농민은 고정된 지역에서 생활한다. 한편으로는 자신의 경작 능력을 초과한 경작지의 확장이 특별한 의미가 없어서, 다른 한편으로는 농촌의 생활환경이 혁신이나 침략적 위협에 직면할 가능성이 작기 때문에, 농민들은 침략적이지 않다. 그들에게 안전은 너무도 당연하여서, 어떠한 대형 군사조직도 필요 없는 것처럼 보인다.

아마도 이런 요인들 때문에 농촌 사회의 조직 구조에서 가족이 주도적인 위치를 차지하게 된 것 같다. 일상적 경제 활동에서 농촌 지역의 가정은 필수적이면서 가장 낮은 수준의 사회적 협력을 수행하는 자족 단위이다. 이러한 협력을 유지하기 위한 인류의 또 다른 중요한 임무가 인간의 지속적 재생산이다. 그리고 생활 과정에서 관련된 기능의 상호 협력은 사회에 강력한 견고함을 제공한다.

작은 범위의 기본 사회구조는 중국 사회구조의 인구개념과 거의 전적으로 상반된다. 일반적으로 중국의 가족 단위가 방대하다고 인식하고 있지만, 오직 신사계층의 집만이 대규모의 방을 소유한 채 많은 친척과 함께 살고 있다. 중국 농민의 기본적인 사회 단위의 숫자는 매우 적어서 부모와 아이들로만 구성되어 있다. 중국 농촌과 관련된 연구 자료들을 보면 이런 내용이 사실로 드러나는데, 농촌 가정의 평균 숫자는 4~6인이었다. 그러나 인류학자가 규정한 구조적 관점으로 보면 중국 농민의 기본 규모는 통상적인 한 가정의 규모보다 컸고, 경우에 따라서는 이미 성년이 되어 결혼한 자녀들까지 함께 사는 경우도 있었다. 나는 이런 가정을 '확대된 가정'이라고 부르는데, 만약 이런 확대의 원칙을 적용한다면, 신사계층과 유사한 대가정이 등장하게 된다. 일반적으로 횡적橫向 발전은 형제들이 결혼 후 계속해서 함께 거주하는 것을 말하는데, 이런 현상은 자주 볼 수 있는 것은 아니며 안정적이지도 않다. 일반적으로는 나이든 부모와 결혼한 아들 중의 한 명이 함께 거주하는 형태다. 나이 든 사람들에 대한 어떤 보호 장치도 없는 상황에서 부모들은 자연스럽게 아들의 보살핌을 받는다.

유목 지역이나 공업이 발달한 유동流动 지역에서는 개인 한 사람의 공간만 있을 뿐이다. 그의 이동은 개인적인 일이며, 그는 개인 명의로 사회적 지위를 획득한다. 그러나 정착해 사는 농민들은 거의 모든 활동이 가족 집단과 함께 묶여 있다. 가정은 자급자족하는 단체이며 가족의 생존과 지속적 발전을 책임지는데, 그 중심에는 관계·친척·지방·직업 등의 연결 고리가 존재한다. 사회관계 확대에 관한 일원론은 원칙적으로 현대사회의 다원론과는 다르다. 이러한 구조 속에서의 개인은 오로지 한 가정의 구성원일 경우에만 의미가 있다.

중국의 전통적인 이념은 가족주의를 강조하고 개인을 억압한다. 개인적 존재의 의미나 가치는 하나의 부분으로서 규정되며, 이 부분은 족보로 대표되는 사회의 연속적인 연결고리의 일환일 뿐이다. 한 개인의 가장 중요한 임무는 가계를 이어가는 것이다. 불효자의 세 가지 전통적인 죄명이 있는데 첫 번째가 바로 자식이 없는 것이다. 집단의 이익은 어느 것보다 앞선다. 현대사회에서는 이런 일이 개인이 엄격하게 지켜야 할 일은 아니다. 가족 구성원의 사회적 공과功過에 대한 집단적 책임성이 근래에 와서 법률적으로 폐지되기는 했지만, 현실적으로는 여전히 실행되고 있다. 부친은 자녀의 범죄행위에 대한 책임을 져야 한다. 일부 아내들과 아들들은 오로지 남편 또는 아버지가 혁명가였다는 이유만으로 종종 죽임을 당해야 했다. 현재도 현급 감옥은 범죄를 짓지 않은 사람들로 가득 차 있는데, 단지 자신의 가족 중에서 부대에서 탈영한 사람이 있다는 이유만으로 감옥살이를 하고 있다. 나는 이러한 구금이 합법적인지 아닌지에 대해서는 연구해 보지 않았지만 그것은 사실이다. 게다가 어떤 사람도 이런 조치에 대해 합법적인 항의를 하지 않았다. 지금 내 목적은 단지 이런 사례를 들어 가족 집단의 집단성에 대한 증거로 삼고 또 개인의 사회적 책임에 대한 주장에 대해 동의하지 않는 것이다.

훨씬 광범위한 조직들에서 가정과 같은 원칙이 실행되고 있다. 지역사회의 조직 내에서 가정은 개인이 아니라 집단이다. 실제로 지방정부의 기본 구성은 가정과 같다. 지방대회는 가장이 대표로 참가하며, 세금은 가정으로부터 징수하기 때문에 가정은 하나의 시민公民 단위이다. 현대적 의미의 민주가 본질적으로 개인 간의 평등한 권리를 인정하더라도, 가정을 기초로 하는 시민사회의 효율성에 문제를 제기하는 사람은 많지 않다. 따라서 서구 민주주의 사회에서는 개인이 직접 시민사회에 진입하기 때문에 가정은 정치구조에서 어떤 지위도 갖지 못한다. 재미있는 점은 서구의 시민사회 이념이 중국에 들어올 때 중국은 여전히 전통적 형식을 견지하고 있었으며 가정이 개인을 대신하고 있었다는 점이다.

따라서 가정은 중국 농촌사회의 기본단위이다. 이러한 기초 위에서 비교적 거대한 조직이 형성되지만, 전체적으로 볼 때 이 조직의 힘이 그렇게 강력한 것은 아니다. 농민은 친족을 인정한다. 그들은 의식적인 상황이나 장소에서 만나고 필요할 때는 서로 돕는다. 그러나 농민들 사이에 영구적이고 광범위한 친족 조직은 존재하지 않으며, 심지어 친족 간의 상호 협력의 의무 역시 명확하지 않다. 지방조직에서 마을은 보편적으로 존재하지만, 타이후에 인접한 마을에서는 각 가정이 자기 집 좌우 양쪽의 다섯 가구만 같은 마을의 구성원으로 생각하고 있음을 볼 수 있다. 그러나 윈난에서 마을은 거의 영구적인 단위이며 사당을 함께 공유하고 있다. 마을의 역할은 의식상의 상호 협력과 오락 등으로 제한되어 있다. 촌의 조직에 대해 이해하려고 연구하는 과정에서 우리는 농민뿐 아니라 신사도 조직되어 있음을 발견할 수 있었는데, 사실 이것은 신사계급이 농민 틈에 끼어든 경우일 뿐이다. 농민들에게 사회관계는 느슨한 이웃 관계에 지나지 않았다. 전통적 구조에서 농민은 가정이라는 작은 세포 안에서 생활하지만, 세포와 세포 사이에는 밀접한 연락이 별로 없었다. 그들은 소규모의 집단적 협력을 통해 생산 노동에 종사했다. 그들은 자신의 생존을 유

지하는 동시에 비교적 높은 사회적 지위를 지닌 사람들의
생활을 떠받치고 있었다.

2

하나의 민족으로서의 중국인들의 주요 직업은 농업이
다. 중국인들은 토지를 경작해 생계를 유지했지만, 인구증
가로 인해 이용 가능한 비옥한 토지가 감소했다. 게다가 역
사의 발전과정에서 탄생한 지주계급은 노동하지 않으면서
소득을 올리는 동시에 토지를 사유하는 이익도 누렸다. 그
들은 농업 노동자들을 고용해 경작시킨 것이 아니라 토지
를 소작인들에게 임대해 줬다. 노동을 하지 않으면서 소작
료와 지대로 생활하는 계급의 탄생은 농업사회의 진화 중
중요한 과정이다.

원시적 기술 아래서의 농업노동은 단조롭고 고생스러
웠다. 힘든 육체노동에 참여하지 않고도 생활만 유지할 수
있다면 지주계급이 심지어 자신의 생활 수준을 낮추는 것
도 받아들인 사실은 충분히 상상할 수 있다. 노동의 고통
을 감소할 수 있는 방법이 두 가지 있는데, 하나는 도구를
개선하는 것으로 동물과 자연의 힘을 이용하는 것이고 다

른 하나는 노동의 부담을 다른 사람에게 떠넘기는 것이다. 첫 번째는 자연을 이용하는 것이고, 두 번째는 사람을 이용하는 것이다. 중국처럼 인구가 엄청나게 증가할 경우, 농업사회에서 인간 노동력의 원가가 동물 노동력의 원가보다 더 낮아질 수 있다. 이런 조건에서 첫 번째 방법은 폐기된다. 오늘날 중국 농민이 사용하고 있는 농기구와 고고학 유적지에서 발굴된 고대의 도구들이 매우 유사하다는 사실은 별로 놀랄 만한 것이 못 된다. 오래된 나무 바퀴를 이용하는 수레는 가장 원시적인 형태로 아직도 농촌 마을의 거리에서 발견할 수 있고, 심지어는 이런 가장 간단한 도구마저도 아직 광범위하게 사용되고 있지 못하는데, 그 이유는 현지의 도로가 오로지 어깨짐扁担을 지고 갈 수 있을 정도의 크기이기 때문이다. 유일한 선택은 다른 사람의 노동력을 이용하고 자신은 육체노동에서 탈피한 채 생활하는 것이다.

방탕하고 육체적인 향락을 누리면서 어떠한 형태의 육체노동도 하지 않는 최고의 형태는 '아편을 피우는 것'이라고 감히 나는 추정하는데, 이것은 자신의 고통에 대한 농민들의 일종의 반항의 표출이다. 모든 문화 형태에서 이런 첨예한 비교를 종종 발견할 수 있다. 기아에 굶주리는 군중들 사이에서 식품의 가치는 항상 과장되며, 가장 멋진 조리기술과 가장 신기한 메뉴는 항상 가장 가난한 나라에서 발견할 수 있다. 기아에 시달리고 있는 인도에서 가장 제멋대로 행동하고 낭비벽이 심했던 왕들은 항상 뛰어난 미식가로 소문이 자자했다. 가장 엄격한 성관계의 규칙 중에서 주기적인 방자함은 관례이다. 장기간 억눌려 있던 욕망이 현실화되었을 때 소수의 행운아들은 어떤 것에도 구속받지 않고 제멋대로 행동하게 된다. 모종의 부적절하게 강조된 가치는 통상적으로 군중의 실제 생활과 정상적 규율에 대한 부정으로부터 나오고, 평범한 질서 중에서 승화하여 보통 사람들의 목표가 된다. 고달픈 중국 농민은 일반적이지 않은 방식으로 여가 생활과 안락함을 절박하게 추구했다. 이런 태도는 노동계급 자체의 중요성을 부정하는 것인데, 일부 고사성어, 예를 들면 맹자가 말했던 "육체노동을 하는 사람은 정신노동을 하는 사람의 지배를 받는다."[2]라는 표현에서도 찾아볼 수 있다. 사회적 분화가 진행되고 있

---

2. 『孟子』, 滕文公章句上 : "故曰, 或勞心, 或勞力 ; 勞心者治人, 勞力者治于人 ; 治于人者食人, 治人者食于人 ; 天下之通義也."(옛말에 이르기를 정신노동 또는 육체노동이 있는데, 정신노동을 하는 자는 남을 통치하고, 육체노동을 하는 자는 남의 통치를 받는다. 남의 통지를 받는 자는 다른 자를 먹여 살리고, 남을 통치하는 자는 다른 자의 공양을 받는다.)

는 상황에서 형성된 노동계급은 자신이 자기 운명의 주인
이 될 수 없는데, 그 이유는 농민들의 고된 노동으로 살아
가는 유한계급이 있기 때문이다.

사회적 필연성이라는 측면에서 보자면 신사계급은 자
신의 발전을 위해 사회구조를 좀 더 정교하게 만들 필요가
있다. 이 계급의 경제적 기초는 소작료와 이자이고 이런 특
권은 반드시 정치권력의 보호를 받는다. 위에서 언급한 맹
자의 격언은 반드시 이러한 의미에서 이해해야 한다. 본질
적으로 농업이 주가 되는 지역사회에서 노동의 대가로 생
활하지 않는 사람들이 농민을 통치하지 못한다면 그들의
지위는 보장받지 못할 것이다. 그 이유는 경제적으로 생산
에 종사하지 않으면서 특권에 기대어 생활하는 계급은 정
치적으로 쉽게 공격당할 수 있기 때문이다. 생활의 안전이
라는 측면에서 볼 때, 신사들은 반드시 좀 더 잘 조직할 필
요가 있으며 좋은 조직은 권력이 된다. 신사계급을 농민과
구별해주는 점은 친족관계와 지방조직이다.

농민들 가운데서 기본적인 사회적 협력 집단은 그 규모
가 비교적 작다고 언급한 바 있다. 신사들은 다르다. 그들
은 큰 규모의 친족 집단을 갖고 있다. 농민들은 주로 자기
자기 노력에 의존해 생활한다. 그들은 한편으로는 일하고

한편으로는 생활을 유지해야 하기 때문에 독립심이 매우 강하다. 일반적으로 중국의 농민들은 자신의 부모와 함께 생활하지만, 부모가 너무 나이가 들어 일을 할 수 없을 때 젊은 세대의 도움에 의존하게 되는데, 자녀가 나이든 부모를 부양하는 과거의 관습(준칙)이 그렇게 뿌리 깊지는 않다. 성인이 된 아들은 토지를 경작해 가족에게 필요한 생필품을 제공하고 부모에게 의지하지 않는다. 그러나 어떤 사람이 자신의 노동에 의지해 생활하지 않고 소작료나 이자에 의존해 생활하게 되면 상황은 달라진다. 지주가 현지에 있지 않으면서 토지를 소유하고 있을 때 정치권력에 의존해 자신을 보호해야 할 필요가 훨씬 더 크다. 자신의 특권을 보호하기 위해 신사들은 공격적으로 변하게 되는데 그들은 반드시 이렇게 해야 한다. 정치적으로 더 강력하고 큰 영향력을 확보하기 위해, 신사들의 조직은 반드시 방대하고 강력해야 한다. 분가分家와 젊은이들의 독립은 농민 중에서 자주 볼 수 있는데 그러면 힘이 분산되어 집단의 견고함이 약화할 수밖에 없다. 내가 성장했던 읍에서 나는 수많은 저택을 알고 있다. 하나의 강력한 통일적이고 권위적인 규칙에 따라 수많은 독립적 가정이 군집해 살고 있었다. 일가의 주인은 재정과 사회적 업무에 대한 권한을 갖고 있으며 구성원들이 규율을 지키도록 재촉할 뿐 아니라 집안의 규칙을 집행한다. 그중 일부 가족은 심지어 자체 법정을 갖고 있기도 하다. 가장은 전심전력을 다해 가족을 위해 일하며, 아들은 다른 사람들 앞에서 자신의 부친이 '아주 무서운 늙은이'라고 말할 수 있다. 아들은 부친과 친밀한 것처럼 행동해서는 안 되고, 부친 역시 아들 앞에서 경솔하게 웃거나 해서는 안 된다. 소설 『홍루몽』紅樓夢에 보면 가장과 가족 구성원에 대한 관계가 아주 잘 묘사되어 있다.

저택 자체가 일종의 왕국이 되었다. 그 구성원들은 신하와 백성처럼 가장이 정한 규칙 또는 가장의 머릿속에 갑자기 떠오른 어떤 생각들에 복종해야 했다. 그들은 자신이 통치자의 지위에 오르기 전까지는 독립성을 갖지 못한다. 그들은 집을 중심으로 생활하고 그들의 모든 업무도 집 안에 있다. 그들이 어떤 잘못을 저질러도 가문이 그들의 행위에 대해 주요한 책임을 진다. 이러한 강력한 친족조직의 힘을 바탕으로 한 가정의 정치적 권력이 비교적 큰 지역사회내에서 보장된다. 이렇게 권력이 큰 가족의 구성원은 설사하인이라 할지라도 국가의 정치구조 내부에 비교적 편리하게 진입할 수 있다. 그들은 정부 안에서의 지위를 이용해 반대로 자기 가문의 특권을 유지하며, 동시에 자신의 경제적 토대 역시 보장받는다.

　가문의 범위가 계속 확대되어 오대五代가 한집에 살게 될 때, 그 조직의 긴장감 역시 심화된다. 옛날에 한 황제가 어떤 가장에게 집안을 잘 관리한 비결이 무엇인지를 묻자, 그 가장은 같은 글자를 세 번 써서 대답했는데, 그 글자는 바로 참을 인忍이었다. 그러나 인내忍耐에는 한계가 있으며, 가문은 분할分割해야 한다. 하지만 신사들은 친족 간의 긴밀한 관계를 유지하는 것이 필요했으며, 이로 인해 종족宗族이 출현하게 되었다. 종족과 가정은 달라서, 종족 중의 모든 가정은 일정한 독립성을 지니면서도 동시에 공동의 이익을 보호하기 위해 친족 간의 단결을 유지해야 한다.

　나는 이런 두 종류, 즉 대가정 및 종족체계는 모두 신사 계급에 의해 조직되었다고 판단한다. 가끔 농민들 사이에서도 종족이 발견되기는 하지만, 신사들의 그것과는 다른 의미를 갖고 있다. 예를 들면, 나는 윈난의 한 마을에서 종족의 이름으로 몇 개의 서로 다른 성姓을 포괄해 구성된 지방조직을 발견했는데, 이들 조직을 기능적으로 분류하자면 엄격하게 말해서 친족단체라고 부를 수 없다. 내가 보기에 이 문제는 소위 말하는 족촌族村의 성격이 확장된 형식일 뿐이기 때문에, 이런 농민조직은 지방조직일 뿐이어서 친족이라고 구분하는 것에 대해 나는 회의적이다. 이런 종족의 형태가 중국에서 보편적인 것은 아니며 가장 효과적이고 정밀한 종족조직은 신사계급에 존재한다고 나는 확신한다. 토지가 없거나 아주 적은 양의 토지를 가진 사람들에게 가족이라는 조직은 사치스러운 것이다. 우리 가족을 예로 들면, 우리 가문의 토지 소유권 보호라는 공통의 이익이 사라지자 가족 관념이 약해지기 시작했으며 현재는 오직 명목상으로만 남아 있다.

한 가족이 어떤 역할을 하기 위해서는 반드시 일정한 공동의 재산, 즉 변하지 않는 재산인 토지를 소유하고 있어야 한다. 이런 토지는 통상적으로 관직에 있었던 사람이 가문에 기부한 것으로, 표면적인 이유는 이들 토지에서 생산된 제품들로 조상의 묘지를 돌보면서 일상적인 제사를 모신다는 것이었다. 그러나 실제 이유는 이 공동재산으로 그 가문에 속한 가정들이 공동의 안전한 지위를 유지하고, 또 더 광범위한 지역으로 권력을 계속 확장하기 위해서이다. 가문은 젊은이들이 교육받을 수 있도록 도와 그들이 학자가 될 기회를 제공하고 또 고관대작이 되어 자기 친족의 이익을 보호해 줄 수 있는 인물이 되도록 금전적 지원을 한다. 동족 구성원들은 필요할 때 서로 도와야 할 의무가 있다. 그뿐만 아니라 종족 내의 조직은 토지의 매매도 금지할 권한이 있다. 일반적으로 가문 대표의 서명이 있는 경우를 제외하고, 토지거래에서 개인 간의 계약은 효력이 없다. 여기서 가족 조직과 토지 소유권의 매우 밀접한 연관성이 드러난다.

집단을 강화하고 혈통의 혼란이 야기할 가족의 사분오열을 방지하기 위해, 가족조직 중 하나의 가문이 토지를 계승한다. 중국에서는 이것을 종법宗法이라고 부르는데, 즉 친족 가문 내부의 체계이다. 이 체계는 문제가 없는 대량의 재산 계승에 대해서는 거의 관여하지 않는다. 나는 윈난의 소규모 토지 소유자의 마을에서 종법 개념이 아주 희박한 것을 볼 수 있었다. 바꿔 말하면, 사람들은 남자 계승의 법칙을 그다지 엄격하게 준수하지 않았다. 일반적으로 농민의 주요 관심사는 어떻게 이 집단의 업무 효율성을 유지할 것인지에 있다. 현지의 풍속에 따르면 결혼한 아들이 죽은 후에는 대신할 사람을 찾아 사망한 아들의 지위를 대체한다. 그뿐만 아니라 그 대체자가 홀아비가 되면, 그는 새로 아내를 맞을 수 있다. 그 결과 이 가족은 근본적으로 생물학적 관계는 존재하지 않지만, 기본적인 노동력의 구성에서는 연속성을 갖게 되고 농민 생활을 유지하게 된다. 이런 상황은 '식자층인' 신사계급에서는 발생하기 어렵다. 토지소유권에 의존해 살아가는 신사계급은 질서와 규율에 의해 재산을 장악해야 한다.

대가족 집단의 강화는 오로지 유산계급이 선호하는 전략의 일부일 뿐이다. 권력을 장악하고 안전을 보장하기 위해 대가족은 반드시 여러 세력을 자기편으로 끌어들일 필요가 있으며 이런 작업은 광범위한 혼인 관계를 통해 실현된다. 혼인은 가족의 일이며 풍속에 따라 혼인은 당연히 가족 간의 연맹이 된다. 배우자 선택의 기본은 상대방의 가문과 관련이 있다. 혼인을 통해 일련의 대가족이 하나의 유력한 집단이 된다. 그러나 농민들의 결혼에서는 여성의 노동능력이 주요한 고려 대상이 된다.

확실히 중국 사회에서 친족은 사회조직의 관건이긴 하지만, 사람들에게 지나치게 중시되는 것도 좋지 않다. 친족은 사회집단들이 단지 서로 다른 목적을 위해 조직한 일종의 수단으로, 나는 친족 자체가 어떤 강력한 힘을 갖고 있다고는 생각지 않으며, 따라서 이렇게 높은 평가를 받을 만한 가치가 있다고도 생각하지 않는다. 친족의 보편적 승인을 받지 않은 생육孕育 가능성도 여전히 존재한다. 이러한 관계들이 인정받는 이유는 이 조직을 이용해 일정한 목적을 달성할 수 있는 사회적 집단들이 존재하기 때문이다. 중국의 신사계급은 친족의 운영원칙을 광범위하게 적용해 강력한 조직을 결성할 필요가 있음을 발견했다.

3

농민과 신사의 사회적 조건을 좀 더 비교해 보자. 중국의 농촌경제를 이해하기 위해서 우리는 반드시 다음과 같은 사실을 기억해야 한다. 소형 경작자들에게 토지는 사치에 가깝다. 중국의 평균 경작 면적은 겨우 몇 에이커밖에 되지 않는다(윈난에서는 아주 큰 규모의 농장도 겨우 몇 에이커밖에 안 된다). 소형 경작으로는 자본을 축적할 수 없다. 농민들은 "토지는 토지를 생산할 수 없다."고 아주 정확하게 말하고 있다. 공업과 상업이 발달하지 못한 지역사회에서 토지는 이미 자신의 역할을 최대한으로 수행하고 있다. 여기서 사람들은 인구증가의 압력을 느끼게 될 것이며, 야망이 있는 사람들은 일반적인 경제활동을 통해 돈을 벌려고 하기보다 합법 또는 비합법적 권력을 통해 돈을 벌려고 할 것이다. 마찬가지로 그들은 반드시 농촌을 떠나 성공하려 할 것이고, 부를 축적한 후에는 농촌에 돌아와 토지를 살 가능성이 있다. 그러나 만약 그들이 마을에 정착하게 되면 인구의 압력으로 빠르게 분화될 것이다. 몇 대가 지난 후 대가정의 사람들이 다시 몇 차례 소규모 가정으로 분화되는데, 이 때문에 부자들에게 중요한 것은 농촌을 떠나는 것이다. 그들이 자신의 권력과 부를 지킬 수 있는 곳은 도읍이다.

중국의 전통적인 도읍은 생산이나 상업을 기반으로 삼고 있지 않다. 중국에서 방직업 같은 중요한 공업은 주요하게 농민의 직업이었다. 농업의 규모가 작아서 농민들은 토지에만 전적으로 의존해 생활할 수 없었으며 반드시 다른 분야의 일부 수입으로 보충해야 했다. 그뿐만 아니라 농업은 농민들에게 충분한 취업의 기회를 제공하지 못했기 때문에 그들은 집에서 많은 시간을 투자해 수공업에 종사했다. 농민은 자급자족 경제로 생존해 왔다. 그들이 사고파는 토지의 양은 매우 작다. 만약 그들이 상업 활동을 한 고정된 지역(도읍)에 집중한다면 교통이 편리하고 수고를 덜 수 있는 아주 큰 지역을 선택해야 하는데, 장난江南 같은 지역이 후보지가 될 수 있다. 중국의 대다수 지역에서는 주기적으로 열리는 시장이 읍市鎮의 역할을 대신했는데, 시장은 겨우 며칠 동안 열릴 뿐이었다. 시장의 범위와 집중 빈도는 수요에 따라 변했으며 수시로 조정이 가능했다. 전통적인 농촌경제에서 영구적인 도읍은 존재하지 않았다.

전통 도읍은 신사들이 살고 있는 지역이었다. 신사계급은 정치와 경제 권력의 상징이었다. 나는 내가 태어난 그 읍에 대해 잘 알고 있는데, 그곳은 주로 신사의 저택, 쌀가게, 전당포, 찻집 그리고 개인의 화원 등으로 구성되었다. 이곳에는 재봉사, 목공, 철공, 금은 가공업자 및 기타 예술인들도 살고 있었는데, 쌀가게와 전당포가 주요 수입원이었다. 조세와 기타 위협에 직면한 농민들은 어쩔 수 없이 읍에 있는 쌀가게에 자신의 쌀을 싼 값에 팔아 넘겼다. 어떤 때에는 자신이 남겨두었던 식량을 다 소비한 후 읍에 있는 쌀가게에서 비싼 가격에 다시 사야 했다. 이로 인해 쌀가게의 성격은 전당포와 흡사했다. 찻집, 멋들어진 정원 그리고 화려한 저택은 신사의 소유물이었다. 아침부터 밤까지 유유자적한 신사들은 찻집에서 소일했다. 그들은 차를 마시고, 만담을 듣거나 또는 농담을 주고받기도 하고, 도박과 아편으로 시간을 보냈다. 뉴잉글랜드인에게 이런 읍은 자신이 벗어나고 싶어 했던 수용소와 비교해도 다를 바가 없었다. 그러나 이들 신사에게 '한가하다'는 단어는 명망과 특권을 의미했다. 그들은 한가했기 때문에 하층계급 사람들의 눈에는 아주 높은 곳에 있는 것처럼 보였다. 읍에 사는 사람들은 신사에 의존해 생계를 도모하고 있는 사람들이었는데, 그중 일부는 자신의 점포를 갖고 있었다. 일부 사람들은 고용주의 집에 불려가 일을 하기도 했는데, 이런 상황은 우리에게 서유럽 중세시대의 봉건주의를 생각나게 해 준다.

이러한 읍은 상당히 매력이 있다. 예술이 있는 일상을 누리고 싶은 사람이라면, 그가 칭찬할 만한 1백여 가지가 넘는 기예들이 그를 기다리고 있다. 나는 고향인 작은 마을의 아름다운 음식 맛을 종종 그리워한다. 내가 어렸을 때 봤던 작은 마을의 모든 특산물을 그리워한다. 나는 조금의 망설임도 없이 방문객들에게 쑤저우苏州에 가서 그곳의 찻집에서 적어도 하루 정도 머물러 보라고 권한다. 그곳에서는 차를 마시는 보통 손님들의 대화 속에서 놀랍게도 모종의 문화적 의미가 충만한 웅변을 들을 수 있을 것이다. 세상의 이치에 밝고 유머 가득한 인생관을 체험할 수 있을 것이다. 그러나 만약 이러한 모습을 중국 대중을 대표하는 생활방식으로 이해한다면 그것은 커다란 착오를 범하는 것이다.

많은 농민은 읍에 살고 있지 않다. 그들은 신사를 보면서 일종의 혐오스러움과 부러움을 동시에 느끼는 복잡한 감정을 갖고 있다. 그들은 지대와 이자를 지불해서 이들 신사계급의 생활을 지탱해 준다. 매년 납부하는 공물은 농민들의 부담이다. 나는 장강 하류 지역의 사회상황에 매우 정통하다. 나는 조금의 과장도 없이 농민들 수입의 절반이 읍으로 흘러들어 간다고 말할 수 있다. 경제적 요인이 농민의 도읍에 대한 병적 욕망을 야기하기에 충분하지 않다고 말한다면, 불만이 가득한 아내가 집을 뛰쳐나가서 자신은 감히 진입할 엄두도 못내는 신사의 저택에서 일할 때, 그는 분명히 자신의 마을에서 태연자약하게 지켜보고만 있지 못할 것이다. 그러나 도읍은 농민의 이상과 환상, 그리고 충격을 내포하고 있다. 하늘나라가 아직 도래하지 않았다고 농민들이 확신한다면, 자신의 희망과 목표가 바로 도읍이라는 사실을 그들은 부인하지 못할 것이다.

4

우리는 이미 신사가 뛰어난 기생계급이란 사실을 목격했다. 문제는 이런 착취체계가 어떻게 이토록 오랫동안 지속할 수 있었는가이다. 농민과 관계가 거의 없는 신사가 취득한 문화적 성취가 신사의 존재 이유를 충분히 옹호해 줄 수 있는가? 읍에서 거주하는 부자들은 반드시 좀 더 명확하고 구체적인 공헌으로 농민들로부터 존경과 감사를 받아야 한다.

분명히 농민은 전통적 구조에서 피착취 계급이며, 신사는 그들을 직접 착취하는 계급이다. 그러나 신사계급이 이렇게 농민을 착취하는 것은 제도화된 수단을 통해서이며, 동시에 신사계급은 제도의 구속을 당한다. 그러나 또 다른 일종의 착취가 통제 밖에 존재하고 있는데, 그것은 바로 백성들이 통제하기를 원하는 절대군주의 권력이다. 군주의 어떠한 기상천외한 생각도 전혀 구속받지 않는다. 신사의 부와 영향력 아래 일종의 완충지대가 존재함을 농민들은 발견한다. 이 점을 정확하게 이해하기 위해 나는 전통 중국의 권력 구조에 대해 좀 더 구체적으로 설명할 것이다.

전통적인 중국의 권력 구조에서 중심은 전제적인 군주체제이다. 황제에게 권력이란 각급 관리에게 힘을 나눠주는 체계이다. 광활한 대륙의 교통체계는 매우 낙후해서, 권력은 단지 명목상으로 집중되어 있을 뿐 실제로 집중되어 있지는 않다. 각급 관리들은 모두 직속 상관이 부여한 일정한 권한을 갖고 있다. "하늘은 높고 황제는 멀리 떨어져 있다."天高皇帝远는 표현처럼, 황제의 실질적인 지배가 어렵기 때문에 백성을 실제로 통치하는 것은 각급 관리였다. 관리는 오직 자신의 상사에게만 책임을 지고 황제는 아주 먼 곳에 있기 때문에, 대중적인 감시체계로 관리들의 권력을 구속할 수 없었다. 백성의 권리는 법률의 보호를 받지 못하며 백성의 복리는 단지 권력자들의 한 가닥 선한 마음에 기댈 수밖에 없었다. 그렇지만 권력자들이 선한 마음을 갖기는 어려웠다. 이로 인해 어떤 경우에는 권력이 호랑이보다 무섭게 변하기도 했다. 개인의 권리를 보호하는 데 있어서 정치권력의 침범을 받지 않는 것이 매우 중요하다. 조직된 군중 행동의 결과 서구에서 민주주의가 탄생했을 뿐 아니라 개인이 정치권력에 접근할 수 있는 가능성이 부여되었다. 중국의 하급 관리들은 상사에게 권력을 부여받기 때문에 반드시 상사의 의지에 복종해야 했다. 만약 한 사람이 개인적 수단을 활용해 어떤 하급 관리의 상사에게 영향력을 할 수 있다면, 이 하급 관리는 그 상사와 우호적으로 지내면서 자신에게 다가오는 귀찮은 일을 회피할 수 있다. 권력층에 진입하는 직접적인 방법은 본인이 관리가 되는 것이다. 스스로 관리가 되면 그는 자기 권력으로 자기 자신 및 친척의 이익을 직접 보호할 수 있을 뿐 아니라 자신의 동료를 통해서도 그렇게 할 수 있다. 이런 정치 행위를 사람들은 습관적으로 '체면을 고려한다.'라고 표현하는데, 이런 것들은 법 조항에는 없는 것이다. 어떤 지역사회가 순수한 개인의 의지에 의해 통치될 때 관료들에 의한 정치가 필연적으로 나타나게 된다.

왜 특권으로 생계를 유지하는 신사계층이 서둘러 관리가 되려고 하는지 이제는 확실히 이해할 수 있을 것이다. 권력층과 동맹을 맺지 못하면 지주로서의 그들의 지위는 곧바로 위협받게 될 것이기 때문이다. 일단 이런 잘못을 저지르게 되면 다시는 만회할 수 없게 된다. 정치인이 토지와 멀어지는 현상은 자주 볼 수 있는 것이 아니다. 신분제 사회에서 부자들은 일정한 지위를 차지하는 것이 필요하다. 친족과 인척의 결합은 이 관계를 통해 자신을 보호할 수 있는 권력층과의 관계를 수립할 수 있기 때문에 가능하다.

신사는 통치자와 피통치자 사이에서 중재할 수 있는 능력이 있다. 중국 역사에서 중앙의 정치권력은 일반적으로 외부에서 진격해 온 침입자나, 수단과 방법을 가리지 않고 정치권력을 획득한 사회적 건달들의 수중에 있었다. 일단 이런 인물들이 황제로 등극하면 신사들은 그들과 손을 잡고 그들을 보좌하는 하급 관리가 된다. 즉 관리로서 신사들의 역할은 통치자의 대리인이지만, 신사들의 개인적 신분으로 보자면 일정 정도 피통치자들과 상관관계가 있고 그들과 이익을 공유하고 있다. 전제군주들이 통제하지 못하는 이런 민간 경로는 종종 전제군주들과 소원한 관계에 처하게 된다.

정부의 전통적 체계 내에서 중앙정부의 촉각은 현급 정부에서 그치고 만다. 현은 일반적으로 농민들이 지방에서 조직한 일련의 마을로 구성된다. 지방조직은 공동재산을 보유하고 있으며 종교의식이나 관개수로 사업 같은 공동사업을 관리한다. 이런 조직의 책임자는 모든 가정의 대표 중에서 선출한 사람이 아니다. 마을에서 존경받는 연장자가 조직의 책임자를 결정한다. 존경받는 연장자는 토지와 체면이 있는 사람, 즉 관청 및 읍의 신사와 관계가 있는 사람을 말하는데 하급 신사로서 마을을 떠나 읍에서 살만큼의 부는 아직 갖추지 못한 사람들이다.

중앙정부가 일반 백성을 통제하는 방식은 다음과 같다. 중앙정부가 현의 관리에게 세금징수와 징병에 대한 명령을 내리면 현의 관리는 마을에 대리인을 파견해 명령을 집행한다. 이들 대리인은 마을에서 모집해 온 사람들인데 자신의 지역사회에서 특권을 갖지 못한 사람들로, 사실 그들은 지방 관리의 심부름꾼일 뿐이다. 대리인의 손에서, 정부의 명령이 비공식적인 전달 경로를 통해 정부의 관리가 아닌 지역의 최고책임자에게 전달되고 그 후 마을의 찻집에서 그 명령이 선포되고 또 토론된다. 위에서 언급한 모든 사람은 이런 토론에 참여할 수 있다. 투표는 진행하지 않지만, 지역의 책임자는 참여한 사람들의 의견과 자신의 적합한 판단을 근거로 명령을 집행할 것인지 아닌지를 결정하게 된다. 마을의 연장자는 지역의 행정관리를 직접 방문하거나 작은 읍의 신사에게 장관과 협력해 문제를 해결해 달라고 요청한다. 신사들은 권력체계와 연관을 맺고 있기 때문에, 지방 관리는 반드시 그들의 건의를 고려해야 하며 적절한 방식으로 명령을 수정한다. 지방 관리에게 신사는 자신과 대척하고 있는 인물인데 이 관계는 통상적으로 긍정적인 것이 아니다. 결국 관리 자신은 상부에서 내려온 명령을 받게 된다. 관리 자신도 개인적 신분으로 보면 신사이기 때문에 그는 자신의 동료에게 편지를 써서 자신의 친척, 친구 또는 고향 사람들에게 편의를 제공해 달라고 요청하게 된다. 따라서 신사가 관료가 되는 구조는 전통 중국의 정치구조에서 관건이 되는 요인이다.

이러한 전통적 형식에 대해 찬성하든 반대하든, 농민들의 삶의 구조에서 전제군주와 그 관리들의 예상하지 못했던 침해가 있을 경우, 지방 신사들과의 상대적인 가까움과 그들의 이해만이 농민들에게 일종의 심리적인 도움을 줄 수 있다.

신사는 서구의 귀족과 달라서 정당을 결성해 전력을 다해 그 정부를 관리하는 것이 불가능하다. 중국 역사에서 신사가 자신들의 정부를 구성한 적은 단 한 번도 없다. 하나의 계급으로서의 신사들은 정권을 쟁취하거나 지주의 권리를 승인한 군주를 배반해 본 적이 없다. 그들은 자신들의 친척과 고향 사람들을 전제권력의 침범으로부터 보호할 임무가 있으며, 정부에 진출하는 것도 단지 정치권력을 획득하기 위해서만은 아니다. 정부에서 관리가 된다 하더라도 친척들과 친분이 있는 사람들의 대표로서 그들을 보호하는 역할을 동시에 수행한다. 분명히 후자의 역할이 그들의 주요 임무이며, 이러한 목적을 달성하기 위해 반드시 전자의 역할을 수행해야 한다. 신사는 하나의 계급으로서 정부 바깥에 존재하고 있으며 관리가 되는 것은 개별적인 개인의 일일 뿐이다. 그들은 사회가 변해도 정치적 책임감이 없기 때문에 우리는 그들을 귀족계급으로 분류해서는 안 된다.

중요한 것은 중국의 오랜 역사에서 그들이 권력구조 내

부에서 차지한 중요한 위치 때문에 신사계급은 일련의 직업적 윤리 규범을 확립하게 되었다. 그들은 '모든 개인은 사회구조 안에서 자신이 차지하고 있는 지위에 따라 행동하고 또 그것에 만족할 줄 알아야 한다.'라는 예禮의 학설을 전파했다. 공자의 임무는 각 사회계층의 정확한 행위규범을 규정하는 것이었다. 하나의 특권계층인 신사는 절대로 혁명적이지 않으며, 질서와 안전이 그들의 유일한 관심사였다.

5

농민과 신사가 처한 상황의 차이에 관해 논하면서 나는 일부 특권을 누리고 있는 유한계급 사람들이 마을 밖에 거주한다고 설명했다. 그 이유는 농업을 통해서는 부를 축적하기가 매우 어렵기 때문이었다. 토지를 경작하는 농민들은 자신이 항상 땅에 구속되어 있다고 인식한다. 그래서 우리는 신사가 어떻게 탄생하였는지에 대해 질문해야 한다. 물론 농민이 신사로 전환하는 것을 방해하는 사회적 장애물들이 존재하지 않았다는 점을 우리가 인정해야 하기는 하지만, 매우 힘든 고생을 한 일부 농민들만이 약간의 여유로운 생활과 함께 하층에서 신분 상승을 할 수 있었으며, 이러한 변화도 몇 세대를 걸쳐 진행된 것이었다. 한 사회에서 신분 상승은 세대마다 아주 조금씩 서서히 진행된다. 개인적으로 아무리 절약하고 인내한다고 하더라도 이러한 과정은 아주 기나긴 과정일 뿐 아니라 도중에 수많은 우연성이 존재하는데, 그 이유는 농촌 지역사회에서는 각종 재난이 상존하기 때문이다. 가뭄과 홍수는 기근을 불러올 수 있고 전염병은 한 가정을 몰살시킬 수도 있다. 정치가 혼란스러운 시기에는 도적떼土匪들이 가뭄이 성행할 때 출현하는 누리蝗虫처럼 악행을 저지른다. 한 가정에서 몇 대에 걸친 사람들이 계속해서 이런 기개를 유지하기란 매우 어려울 뿐만 아니라 이런 상황을 유지하기 위해서는 가정에 재난도 발생하지 않아야 한다.

힘들게 노동해서 부를 성취한 농민들의 신분 상승을 방해하는 또 다른 요인은 인구증가에 따른 압력이다. 부를 가진 계층의 사람들은 퇴폐적인 생활로 인해 출생률이 매우 낮고, 가난한 농민의 자녀들은 세심한 보살핌이 부족해서 사망률이 매우 높다. 그러나 어렵게 노동하는 비교적 부유한 농민들은 출생률은 가난한 농민들처럼 높지만 비교적 여유 있는 생활로 인해 사망률은 상대적으로 낮다. 이런 가정은 매우 빠르게 구성원의 숫자가 증가하기 때문에 그 가정의 재산도 비슷한 속도록 빠르게 증가하지 않으면 다음 세대의 생활 수준은 하락할 수밖에 없다. 이런 상황에서 농민 가정이 안정적으로 생활하기 위해서는 아주 긴박한 불굴不撓不屈의 노력이 필요하다. 유한계급으로의 신분상승에 대한 희망은 더 작아질 수밖에 없다.

아주 자연스럽게도, 농민들의 공통된 경향은 사회적 신분체계 안에서 헛된 신분 상승을 꿈꾸지도 않고 동시에 아주 최하층의 수준으로 추락하는 것도 원하지 않게 된다. 소규모의 토지를 소유했던 사람이 갑자기 닥친 불행으로 인해 토지를 매각하면, 그는 소작농으로 전락하게 되고 소작농에서 한 단계 더 추락해서 경작할 땅이 하나도 없는 소작농으로 전락할 수도 있다 최악의 경우에는 치욕적인 죽음을 맞이하거나 마을을 떠나야 할 수도 있다. 이렇게 발생한 유랑민들은 아주 절망적인 상황에 부닥치게 되는데, 그들은 아주 힘든 육체노동에 종사해야 하고 목숨 외에는 잃을 것이 하나도 없다. 그들은 마을을 떠나서 도적 떼가 되거나 밀거래에 종사하게 되고, 또는 군대에 가거나 신사들의 저택에 들어가 하인이 되기도 한다. 이런 직업들은 모두 생산과는 거리가 먼 직업인데, 그들이 오로지 이렇게밖에 할 수 없는 이유는 아주 운이 좋은 경우를 제외하고는 이런 방법만이 농촌을 떠나온 유랑민들이 더 빠르게 부를 축적할 수 있는 방법이기 때문이다. 물론 부를 좇는 수많은 사람이 절망 속에서 죽어가고 세상에서 잊힌다. 그러나 그들이 토지를 떠나는 순간, 그들 자신도 토지의 속박에서 벗어나게 된다. 그들은 가슴속에 불만을 품고 있기 때문에 혁명적 성향을 갖추고 있다. 통치계급이 강력할 때 그들은 탄압을 받게 된다. 아주 소수의 사람만이 각종 불법적인 방식을 통해 자신의 목적을 달성할 수 있다. 그러나 통치계급이 무능하고 부패하면 그들은 권력을 탈취하려는 반란 세력이 된다. 중국 역사에서 이러한 예를 적지 않게 찾아볼 수 있는데, 새로운 왕조는 이런 절망한 유랑민들에 의해 수립되었다.

평화로운 시기에 소수의 사람이 성공적으로 벼락부자가 되었고 토지를 사 서서히 유한계급이 되었지만, 신사들에게 무시당했다. 오직 점진적으로, 특히 혼인을 통한 동맹 관계를 구축한 후에야 그들은 사회의 상층부로의 진입을 인정받았다. 한 가정의 구성원이 학계나 관직에 진출한 후에야 그들의 신사 지위가 공고해졌다.

신사의 지위는 경제적으로는 토지를 소유하고, 정치적

으로는 관리가 됨으로써 유지되었다. 토지를 소유한 계급인 그들은 시간이 남을 때 고전문헌을 공부했는데, 이것은 관리로서의 직업적 필요성과 관련이 있었다. 거의 1천 년 동안 황제가 정식 시험을 통해 관리를 선발했기 때문이다. 아주 극소수 계층의 사람들만이 이러한 시험에 참가할 자격이 없었다. 이론적으로는 농민들도 자유롭게 경쟁에 참가할 수 있었다. 이에 관한 아주 유명한 예가 하나 있다. 한 가난한 농부의 아들이 낮에는 논에서 힘들게 노동을 하면서 동시에 소 등에 탄 채 고전을 공부해서 마침내 과거에 합격하고 명예를 얻었다는 내용이다. 그러나 사실대로 이야기하자면 이런 예들은 아주 예외적인 경우에 속하며 전설로나 전해 내려올 뿐이다. 실제로 중국에 인도의 카스트 제도 같은 사회적 신분체계는 없지만, 문제는 중국의 계급체계가 고도의 유동성을 내포하고 있는가, 하는 문제이다. 이 문제를 증명해 줄 통계자료를 갖고 있지는 않지만 농촌 지역사회에 대한 실질적인 연구에 의하면 논에서 일하는 농민 가정 출신의 자녀들이 고등교육을 받을 기회가 매우 적다는 사실은 분명하다. 그러나 사람들이 보편적으로 받아들이는 관점은, '과거 좋은 시절에는 모든 사람이 평등하게 시험을 통해 관리가 될 수 있었다.'라는 사실이다. 나는 이런 사실에 대해 의구심을 가질 수밖에 없다. 농민과 신사의 신분 이동은 매우 제한적이었기 때문이다. 농민들에게 신사로 신분 상승할 수 있다고 믿게 하는 것이 매우 중요했다는 점에 대해서는 더 설명할 필요가 없는데, 이런 가능성이 일종의 자극제 역할을 했고 결과적으로는 사회구조의 안정에 기여했기 때문이다.

역으로 신사였던 사람이 다시 농민이 될 수 있을지에 대해 질문해 볼 수 있다. 내가 알기로는 아무리 무능한 신사라 하더라도 다시 농사를 지었다는 사실을 입증할 만한 사례는 찾아보지 못했다. 신사가 다시 농사에 종사하기는 거의 불가능한 것처럼 보인다. 오늘날에도 중국인들의 의식 속에서 육체노동은 여전히 상당히 무시당하고 있으며, 특히 신사들은 이러한 사실을 의식하고 있다. 여유로움을 상징하는 중국 고유의 창파오長袍[두루마기 모양의 남자 윗는 명예와 특권을 나타내며 신사가 가장 마지막으로 포기하는 물건이다. 창파오는 한 개인의 생명보다 더 가치가 있다. 내게는 삼촌이 한 분 계셨는데 40여 년 동안 몹시 가난하게 살아서 방 한 칸짜리 주택에서 살았고 돈도 한 푼 없었다. 그러나 그는 일상적으로 찻집에서 소일했으며, 삶을 마감할 때까지 창파오를 벗지 않았다. 임종에 이르러서는 아주 비참했다. 그는 최후의 순간까지 눈을 감지 못했다. 당시 친척 한 분이 침상 옆에 있었는데, 삼촌은 자신이 신사로서 비단옷을 입고 좋은 관에 눕지 못한 것을 안타까워했다. 그 친척이 삼촌을 위로하면서 그가 떠난 후의 모든 사후 처리에 대해서 준비가 잘 되었다고 위로하자 만족해하는 미소를 띠고 숨을 거뒀다. 이 사건은 신사의 내재적 심리를 충분히 드러내 주고 있다. 문제는 그가 어떻게 신사의 생활 수준에 도달할 수 있었는가이다. 답안은 그가 친족들의 도움을 받았다는 사실이다. 가족은 서로를 돕는 체계이다. 내가 어렸을 적에 많은 친척 아저씨들이 우리 집을 방문하는 것을 볼 수 있었다. 그들은 매우 가난했지만 항상 웃으면서 이야기했고, 어떤 금전적인 요구도 하지 않았다. 그들이 떠날 때 우리 할머니께서 일반적으로 그들에게 약간의 돈을 선물로 주셨는데, 당시 할머니는 부유한 편이 아니었다. 나는 할머니께서 집 뒷문을 통해 시녀를 전당포에 보내 돈을 빌려 이 가난한 친척 아저씨들을 도왔다는 사실을 확실히 알고 있다. 이와 같은 방식으로 관직에 있는 사람들은 자신의 능력과 관계없이 가족을 위해 일을 도모해야 한다. 가족 구성원들끼리 서로 돕고 집단적인 안전에 책임감을 갖는 것이 정부의 관리로서 자신의 직책에 대한 책임보다 컸다.

가족사회의 안전을 책임지는 구조가 널리 유행하는 것은, 신사들 간의 상호의존, 특히 그들이 생산 노동에서 이탈하는 데 커다란 자극이 됐다. 이런 환경에서 성장한 아이들은 인민들의 생활에서 벗어나게 된다. 그들은 햇빛이 미치지 않는 커다란 방 안에 거주하면서 고대의 사상을 공부하고 조상들의 덕을 입어 성장하는데, 그들의 특권은 조상으로부터 나온다. 가족 구성원들이 모이는 작은 마당에서 배우는 정치를 통해, 그들은 가식적인 복종을 배우게 되고 어떠한 노력도 효과가 없다는 느낌에 젖어들게 된다. 그뿐만 아니라 자질구레한 일에 집착하게 되고, 운명에 복종하게 되며, 보수적이고 소심해진다. 그들은 체력적으로 약하고 신체는 메말라서 어떤 경우에는 후세를 낳지 못하는 경우도 있다. 우리 친척 중에 여섯 분의 삼촌이 계셨는데 그중 세 분이 친자녀가 없었다. 비슷한 상황이 수많은 다른 친척들의 가정에서도 발생했다. 그들은 창조력과 투지가 거의 없었으며 결국에는 신체적으로도 제대로 성장하지 못했다. 서구의 어떤 도시의 주민들처럼 중국의 신사는 거의 파멸 직전에 이른 사람들이다. 내가 말하고자 하는 것은, 그들은 스스로 변할 수 없으며 반드시 농촌인구의 충원에 의존해야 했다는 점이다.

농촌 사회구조의 맨 위에 위치한 신사는 명예와 특권을 쥐고 있으며, 이런 명예와 특권은 대담하고 큰 뜻을 품은 하층계급 출신의 사람들을 유인한다. 이런 새로운 사람들이 신사들에게 생기를 다시 불어넣어 주기도 하지만, 동시에 그들도 다시 신사들에게 동화되면서 평화적이고 중용적으로 변화한다. 충만한 활력은 사회구조에서 아주 작은 이동 통로의 극적인 변화를 유발하지만, 결국에는 여유로운 생활 과정에서 거의 소멸된다. 신사계급은 사실상 사회변화의 안전판이다. 보수주의는 중국 사회의 규칙이다. 인류 역사에서 중국 문화의 안정성과 영속성은 매우 독특한 것이라 할 수 있다.

6

현재 중국의 수많은 부분에서 변화가 진행되고 있다. 신기한 외면에 의해 가려지고 있지만, 전통적인 중국의 모습은 아직 사라지지 않았다. 바로 이런 이유로 나는 앞에서 서술할 때 계속해서 현재진행형의 표현을 사용했다. 내가 서술한 것은 단지 역사의 무대에서 사라져 버린 다시는 돌아오지 않을 아주 단편적인 과거라는 사실을 어떤 사람도 인식하지 못했을 것이다. 사회구조의 본질은 여전히 과거처럼 작용하고 있다. 나는 사회구조가 변화하고 있다고 믿지만, 새로운 질서라는 것은 갑자기 나타나서 일순간에 완성되는 것이 아니다. 새로운 질서는 과거의 질서로부터 탄생하고 수많은 사람의 습관적인 생활방식의 점진적인 변화를 통해 발전한다. 그것이 어떤 공화국이나 유토피아라는 새로운 명칭을 사용한다고 하더라도 한 개인의 사고로는 현재의 새로운 상황과 오래된 전통의 완고함을 극복하기 힘들다. 오직 이러한 완고함을 인정하고 수많은 국수주의자의 염원을 고려하지 않을 때만 우리는 현재 상황에 대한 비교적 합리적이고 이성적인 견해를 가질 수 있다. 근심은 항상 사람이 완고한 전통을 명확하게 파악하지 못할 때 발생한다. 위에서 분석한 내용은 우리가 중국의 사회구조의 변화라는 주제에 대해 좀 더 진전된 토론을 진행하기 위한 준비과정이었다.

지금까지 지속되어 온 안정성이라는 측면에서 전통적인 중국을 보면 일정하게 균형을 이루고 있는 것처럼 보인다. 그러나 중국이 공업 부문에서 우월한 서구 강국들과 교류를 시작하면서 이런 균형이 파괴되었다. 기계의 사용은 중국인들에게 현대화를 가져다줬지만, 동시에 중국을 강압적으로 세계적 체계에 편입시켰고 이로 인해 중국의 사회구조에 변화가 발생했다.

사실 중국은 결코 완전히 폐쇄된 적이 없는 국가였다. 수 세기 동안 중국은 끊임없이 서구와 교류했다, 중국의 비단은 로마의 궁전에까지 그 유명세를 날렸으며, 인도의 승려들은 중국에 들어와 중국의 철학과 종교를 변화시켰고, 예수회 회원들은 중국 황제의 비호 아래 높은 지위를 누렸었다. 하지만 서구 세계는 결코 오늘날처럼 중국의 전통적 생활방식에 위협을 가한 적이 없었다. 그러나 산업혁명 이후 서구 세계는 농업 문명에서 공업 문명으로 전환했지만, 중국은 여전히 옛날과 같은 경제구조를 유지하고 있었다. 동서양의 접촉은 지리적인 문제가 아니라 경제적인 문제다. 근대화된 공업은 농업사회를 압도할 수 있는 힘을 부여했다. 농업시대에 사람들은 각자 충분히 안전하게 생활할 수 있었으나 공업시대는 전 세계를 유혹하는 발전의 시대이다. 원료와 시장을 찾기 위해 공업국들은 지구의 절반인 동양이 독자적으로 존재하도록 놔두지 않았다. 물론 무역은 서로에게 이익이 되고 또 공업은 동양의 빈곤을 치료할 수 있는 가장 좋은 치료제이다. 그러나 서양인들에게 왜 중국인들이 이렇게 몇 세대에 걸쳐 완고하게 서구 공업의 영향을 거부했는가 하는 점은 여전히 하나의 수수께끼였다. 정말로 아쉬운 점은 중국이 외세의 무력에 의해 개방될 수밖에 없었다는 사실이다. 왜 중국인들이 이렇게 영혼에 대한 기독교의 구원과 일상생활에 대한 기계의 도움을 거부했는지 수많은 서구의 친구들은 여전히 이상하게 생각한다. 그러면서 이러한 모든 것들이 중국인들의 문화적 타성에서 기인한다고 생각한다. 솔직히 중국에서 전통문화의 역할 쇠퇴는 오직 구세주가 증명해 주기만을 기다릴 수밖에 없는 것 같다. 중국인들이 새로운 종교의 교리와 새로운 생산방식에 대해 일관되게 편견을 갖고 있었다고 말하지만, 이러한 주장은 역사적 근거가 없는 것이다. 불교가 중국에 처음 들어왔을 때 불교는 새로운 종교였음에도 불구하고 재빨리 중국의 전통적 종교와 융화했으며 동시에 농민들 사이에 아주 튼튼하게 뿌리 내렸다. 감자와 담배 같은 새로운 작물의 전파는 중국에서 어떤 저항도 받지 않았다. 내가 보기에 동서양 접촉에서 불행한 최초의 역사는 주요하게는 위에서 대체로 지적했던 사회적 요인에 의해 발생한 것으로 보인다.

유럽에서 산업혁명이 시작되었을 때는 중산계급이 선

두에서 이끌었는데 당시 중세의 봉건주의는 이미 쇠퇴하고 있었다. 그러나 중국과 서구가 교류를 시작할 때, 중국의 중산계급은 보수적인 신사였다. 신사들의 이상은 관청의 비호 아래 한가한 생활을 영위하는 것이다. 생산은 농민들의 몫이고, 그것은 저급한 것으로 인식되었기 때문에 경제활동에서 신사들의 적극성은 오랜 기간 억제되었다. 산업주의는 불교와는 달랐다. 불교는 처음 출현했을 때부터 신사들의 여유로운 정신세계를 사로잡았다. 불교는 모종의 은둔적인 중국의 전통에 완벽하게 적응했다. 이로 인해 중국의 신사계급 안에서 일부 재능 있는 사람들을 찾아내 그 교리를 전파할 수 있었다. 그러나 이와는 반대로 현대의 산업주의는 신사의 전통적 정신세계와 대립한다. 신사는 실용적 지식의 가치를 경시한다. 문학이 여유로움과 섬세함의 상징이고 또 이것을 통해 관직에 진출할 수 있기 때문에 신사는 문학을 공부한다. 현대의 대학생들 사이에서도 육체노동에 대한 강한 혐오감이 존재한다. 중국의 고급 기술자들도 기계의 설계도만 그리려고 한다. 정신노동과 육체노동 간의 사회적 차별은 오늘날 중국의 공장 안에서도 여전히 존재하며 이로 인해 노동력을 관리하는 데 심각한 문제가 발생한다. 산업주의는 중국에서 어떻게 편리한 방안을 찾을 수 있을 것인가?

서구 공업의 영향력이 중국에 침입하면서 중국에 위기를 발생시켰다. 왜냐하면 중국 정부는 이런 강력한 힘에 대항할 수 없었고 신사계급 역시 즉시 효과적으로 대응할 수 없었기 때문이다. 그들이 대응에 실패한 원인은 그 위기가 자신에게 직접적인 위협이 되지 않았기 때문이다. 그들의 이익은 임대료를 징수하는 것이어서 농민들이 소작료를 지불할 수만 있다면 신사계급은 자신의 안위에 대해 걱정할 필요가 없었다. 서구 공업의 영향력은 중국 농촌의 상황을 조정하지 못하면 결국에는 농민의 파산을 초래하고 신사계급의 경제적 기초에도 영향을 끼친다는 통찰력이 있어야 했다. 그러나 신사들은 그러한 선견지명이 부족했다. 그들이 강력한 정치적 책임감이 없었기 때문에 자연스럽게도, 중국의 정치적 주권이 하루가 다르게 약화한다는 사실을 민감하게 받아들이지 못했기 때문이다. 그들은 서구의 산업주의에 정면으로 대처하지 못했으며, 중국의 운명에서 자신의 지위에 대한 재검토도 없었다. 상류사회는 자기 자신이 속한 사회와 문화에 대한 책임을 이행하지 못했다. 당시에는 마침 쇠퇴한 만주족이 정권을 장악하고 있었다. 외침의 위험을 분명히 감지하고 있었음에도 이 통치계급은 무능해서 아무 일도 할 수 없었다. 그들은 상대방을 배척하는 낡은 방법을 사용했다. 정부의 배외정책은 신사들의 무관심을 강화했는데 바로 그들이 본질적으로 굴종적이었기 때문이다.

서구 열강의 신속한 침략은 한편으로는 상업적 이익 때문이었고 다른 한편으로는 중국 정부와 상층계급의 우매한 무능함 때문이었다. 그 결과 서구와 접촉한 첫 단계에서 특수한 상호 적응과정이 탄생했다. 특히 외국인들이 거주하던 특구는 후일 대외무역항구로 발전했다. 대외무역항구는 서구 상인들의 이익을 위해 건설되었다. 서구의 이익을 고려하는 상황에서 그들을 보호하기 위해 서구의 법률을 인용하는 것이 허용되었다. 항구의 질서는 특별히 조직된 행정부서에 의해 유지되었는데 이 부서는 영사가 아니라 외국인 교민대표에 의해 관리되었다. 중국 정부는 특구의 관리에 대한 발언권이 없었으며 후일 이런 지역들이 대도시로 발전했다. 이런 대도시 지역사회의 성격을 간단하게 분석하면 근 100년 동안 중국 사회구조의 변화의 주요한 조류를 이해하는 데 도움이 된다.

문화는 대표자들의 상호접촉을 통해 진행된다. 대외무역항구에서 서로 다른 중국인과 서구인 들이 함께 살았다.

서구 사람들 중에는 상인이 많았는데 그들의 관심은 돈을 버는 것이었고, 사회복지나 국제적 신용 등의 광범위한 문제에 대해서는 관심이 없었다. 상업적 이윤에 직접적인 관계가 없는 것들은 지역사회의 안전에 위험이 되지 않았다. 서구 상인들은 현지 주민과의 비협조적 관계를 개선하려고 노력하지 않았다. 반대로 그들의 중국인에 대한 우월감과 중국인들에 대한 멸시는 사회적 신분이 있는 중국인을 불편하게 했고, 이러한 굴욕감이 협력적인 결합을 방해했다. 이 때문에 이들 대외무역항구는 단지 모종의 특수한 중국인들에게만 매력이 있었다. 그들이 바로 소위 말하는 매판 세력들이다. 나는 서구 상인들과 처음으로 접촉했던 이들의 출신 배경에 대한 충분한 자료를 갖고 있지 않다. 그러나 나는 이들 '서양인들에게 고용됐던 중국인'二毛子들이 적어도 초기에는 '전통적 구조에서 지위를 상실했거나 자신의 고향에서 쫓겨난 사람들이었으며, 불법적인 수단으로 부를 형성했다.'는 주장에 대해서는 강한 회의감을 갖고 있다. 대외무역항구는 그들에게 개방되어 있었다. 만약 그들이 그 지역에서 하인 또는 외국과의 업무에 대한 통역 등 정당한 직업을 찾았다면 점차 매판이나 상층계급의 사람이 되었을 것이고, 만약 실패했다면 도적이 되었을 것이다. 그들은 문화접촉의 경계에서 장점을 흡수했다. 그들의 문화는 혼혈적이었다. 그들은 두 가지 언어를 말할 수 있었지만 두 가지 윤리관의 충돌로 도덕적으로 동요했다. 그들은 거리낌이 없었고, 배금주의자였으며, 개인주의적이면서도 불가지론자들이었다. 이런 점은 종교뿐 아니라 문화적 가치관에도 반영됐다. 대외무역항구는 도시를 뛰어넘었다. 이 지역에서는 돈을 버는 것이 유일한 동기였고, 전통과 문화는 어떤 지위도 누리지 못했다. 불행한 것은 동서양 모두 이런 출발에 직면해 있었다는 사실이다.

개인적으로 내륙의 도읍에 들어간 외국의 선교사들은 체면을 아는 사람들이었다. 그러나 그들은 한편으로는 자신이 아직 죄를 짓고 있다는 사실을 깨닫지 못하는 이교도들에게 열정적으로 귀의歸依를 요구하고 있었다. 다른 한편으로 이들 서구 강국의 교민들은 정치적으로 보호받는 특권을 향유하고 있었다. 종교적 구원에 매료된 사람은 아주 소수였다. 보통 중국인들은 새로운 어떤 신앙이 필요하다고 생각하지 않았는데 특별한 보호를 받으며 활동에 종사하는 소수의 사람들에게 필요한 것은 정치적 보호였기 때문이다. 신의 찬란한 광명이 중국 사회에서 버려진 매판 세력 앞에 펼쳐졌으며, 그들은 신의 이름으로 영원히 칭찬

받지 못할 수많은 일들을 저질렀다. 외국의 선교사에 반대하는 초기의 저항은 중국과 서구열강의 공개적인 충돌과 전쟁을 야기했다. 그 결과 중국 인민은, 외국 선교사에 대한 병적인 원한과 신을 마귀로 만들어버린 서양인들에게 고용된 중국인들에 대한 원한을 갖게 되었다.

그러나 중국에서 서구의 경제적·정치적 영향력이 확대되면서 대외무역항구와 내륙의 교회당에서 양성된 이 특수한 중국인들의 역할이 점점 더 중요해졌다. 그들이 개인적으로 어떤 유형에 속하든지간에 중국의 변화과정에서 그들은 중요한 전략적 지위를 차지하게 되었다. 그들은 처음으로 외국어를 배웠고 서구인들과 어떻게 교류할 것인가를 이해한 사람들이었다. 그들의 아이들은 성장한 후 현대적 교육을 받았을 뿐 아니라 외국의 대학으로 유학을 갔다. 이들 중에서 하나의 새로운 계급이 탄생했다. 그들은 전문적인 업무에 종사할 때, 처음에는 주로 외국인 보호자들에 의존했지만, 나중에는 스스로 기반을 잡았다. 그러나 그들은 대도시 지역 출신이었기 때문에 기본적으로 혼혈이었으며, 바로 이러한 그들의 신체적 특징에서 사회적 책임감이 없는 매판적 특징이 드러난다. 바로 이런 계급이 중국의 사회적, 정치적 변화의 첫 번째 단계를 지배했다.

7

　서구 산업의 영향은 대외무역항구에만 머무르지 않고 내륙으로 확장해 갔다. 나는 이미 대다수 중국의 제조업이 광범위한 농촌 지역에 분산되어 있었다고 앞에서 언급했다. 농업만으로는 생활을 유지할 수 없었기 때문에 농민들은 여가에 자신의 간단한 직조기를 이용해 작업해야만 했다. 그러나 가내수공업은 선진화된 기계를 사용하는 산업과 비교했을 때 수익이 비교할 수 없을 정도로 적었다. 중국의 농가에서 생산된 제품과 서구의 공장에서 생산된 제품들이 서로 경쟁했는데, 중국 제품은 품질은 형편없었고 원가가 높아서 중국의 노동자들은 점차 실업자가 되었다. 반대로 서구 공장에서 생산된 제품은 값도 싸고 질도 좋아서 멀리 떨어진 중국 내륙의 마을에까지 침투하였다. 이것은 농민 가정에 있는 수많은 직조기가 생산을 중단해야 함을 의미했다. 서구 산업의 침투로 민족공업은 쇠퇴했다. 이런 상황은 이미 아주 빈곤한 상태에 있던 농민의 상황을 더욱 악화시켰다. 농촌의 쇠락은 농민들이 토지를 처분할 수밖에 없도록 강요했고 점점 더 많은 농민이 소작농으로 전락했는데, 이것이 끝이 아니었다. 소작농들은 지주에게 반드시 이자를 지불해야 했다. 이것은 농민의 부담이 더 무거워졌다는 것을 의미했다. 서구 산업의 침투로 가장 많은 영향을 받은 지역은 현대적 도시에 근접한 연해 지역이었다. 이들 지역에서는 80% 이상의 농민이 이미 소작농이었는데, 매년 이자 명목으로 지불하는 농산물의 양은 농민들이 더 이상 감당하기 어려운 수준에 도달했다. 수많은 농민이 토지를 떠났으며 토지를 소유하지 못한 채 노동자로 전락했다. 그들은 대외무역항구로 몰려가 노동자가 되거나 건달이 되었다. 고향에 남은 농민들은 가혹한 세금과 지대 및 이자를 지불해야 하는 상황에 직면해 악전고투했으며, 이미 막다른 골목에 다다랐다.

농촌의 불황은 결국 신사들의 특권까지 위협하는 상황에 이르렀다. 그들도 분화하기 시작했다. 전통적 특권을 고수하던 신사들은 더 강력한 정권의 지지가 필요했다. 그들은 농민 탄압의 선봉장이 되었으며, 자신들의 특권을 유지하도록 정부에 압력을 행사했다. 그들은 지식을 갖춘 계급이었기 때문에 그들 중 일부, 즉 오랜 지주 가문 출신으로 현대적 교육을 받은 2세대 신사들은 토지에서 벗어나 전문적 직업에 종사하면서 생계를 도모했다.

여기서 우리는 동서양의 또 다른 직접적인 접촉을 발견할 수 있다. 이 접촉은 대외무역항구에서 발생한 상황과는 다른 형태인데, 주로 문화 부문에서 발생했다. 만주족이 세운 청나라의 쇠락이 시작될 무렵, 새로운 유형의 신사들이 출국할 기회를 얻었다. 그들은 주로 정부의 어떤 특수한 임무를 맡거나 장학금을 받아서 출국했다. 이들이 매판 세력과 달랐던 점은 이들이 점차 서구문화에 흥미를 갖게 되었다는 사실이다. 이들은 교육센터에서 교육받았는데, 이들 교육센터의 대부분은 영국에 있었다. 그들은 아담 스미스Adam Smith, 스펜서Herbert Spencer, 몽테스키외Montesquieu, 밀J. S. Mill을 비롯한 저명 학자들의 저서를 고전 중국어로 번역했다(이들 번역서는 서구의 고전 서적들을 번역한 책 중에서 여전히 가장 훌륭한 번역서라고 나는 믿는다). 그들은 서구문화의 원천을 규명하려고 노력했고, 서구의 가장 뛰어난 것들을 중국에 소개했다. 그러나 이는 매우 완만한 과정이었으며, 대외무역항구에 있는 외국 상인들의 무책임함이나 표면적인 상업 정신을 모방하는 것과 비교해도 그 속도가 훨씬 느렸다. 그런데도 조금씩 진전이 있었으며, 그 결과 새로운 신사들은 중국의 문예부흥운동에 시동을 걸었다. 중국의 문예부흥운동은 본토 문학, 과학연구, 민주 그리고 현대적 도덕 운동 등이었다. 귀국한 유학생들과 중국 대학의 학생들이 함께 노력해 이 운동을 일으켰는데, 이들 중 대다수가 토지를 소유한 신사계급의 자녀들이었다.

그러나 새로운 신사계층과 전통적인 신사계층 모두 동일한 전통적 태도를 갖고 있었는데 그것은 바로 적극적인 정치적 책임감이 없다는 것이었다. 그들은 종종 자신의 견해를 표명하고 정부의 통치방식에 반대했지만, 스스로 정권을 장악해 정부를 운영하고 책임지려는 시도는 거의 하지 않았다. 만주족이 세운 청나라가 무너진 후, 중앙정권은 군벌들과 대외무역항구에 거주하는 집단들이 통제했다. 일개 병사가 황제의 자리에 오르는 것은 이미 오래된 과거의 일이었다. 전통적 구조에서 통치자들이 부패하기 시작하고 통제받지 않는 권력을 남용하기 시작하면 백성들의 평화로운 생활에 피해를 주게 되는데, 그중에서 농민이 받는 피해가 가장 컸고 그 결과 대다수의 농민이 도적떼가 되어 반란을 일으켰다. 무능한 정부는 반란을 진압하지 못하고 새로운 통치자가 출현하게 된다. 중화민국 초기에 권력을 장악한 군벌들도 이와 같은 방식으로 등장했다. 그들 중 대다수는 농민 출신이었으며 수많은 사람이 불법적인 경로를 통해 성공했다. 대외무역항구에 거주하는 집단의 성장 역시 동일한 배경과 유사한 방식으로 진행되었다. 이들이 군벌과 다른 점이 있다면 대도시의 비호 아래 군사적 힘이 아니라 경제적 힘을 바탕으로 권력을 획득했다는 점이다. 외국 상인들의 눈치를 보면서 생존해야 했기 때문에 이들은 자신이 권력만 획득한다면 외국상인들이 누리고 있는 모든 기회를 누릴 수 있다는 사실을 재빠르게 인식했다. 따라서 이들은 권력을 획득하기를 갈망했다. 이렇게 성장한 매판 세력과 함께 범죄 조직 역시 대외무역항구의 한 축이 되었다. 그들은 파벌의 의협심에 기대어 잘 조직되었을 뿐 아니라 엄격한 규율을 갖추고 있었다. 그들은 대담하게 행동했고 수단과 방법을 가리지 않았다. 중국 정치 상황의 동요는 권력에 목마른 이 세력들에게 권력을 쟁취할 기회를 부여했다. 연속적으로 발생한 대다수 혁명은 새로운 직업에 종사하던 신사들이 준비하고 농민과 노동자가 주축이되어 진행되었다. 그러나 신사들의 책임감 결여와 농민들의 후진성 때문에 권력은 점점 군벌과 대외무역항구에 거주하는 매판 세력들의 수중에 들어가게 되었다.

토지에서 발생하는 소작료와 이자에 의존하던 경제가 쇠퇴하고, 다른 한편으로는 대외무역항구에서 출현한 새로운 정치의식을 지닌 집단들이 성장함으로 인해서 중국 사회구조에서 신사의 중요성이 약화하였다.

8

전통적 신사계급과 매판자본의 2세대는 중국의 현대화를 위해 일할 수 있는, 책임감을 갖춘 새로운 계급을 공통의 사업을 토대로 형성할 수 있는 가능성을 충분히 갖고 있었다. 정치의식과 문화적 선견지명의 결합은 이들 집단이 현대적 지식을 운용해 하루가 다르게 악화하는 민족경제, 특히 농촌경제의 불황을 안정시킬 수 있는 기회를 제공했다. 그러나 불행하게도 이런 가능성은 항일抗日 전쟁이 지속하면서 계속해서 소멸하여 갔고, 전쟁은 이 두 집단이 각자 서로 다른 길로 내닫게 했다.

중국에서는 정부가 인플레이션을 야기하는 재정정책을 펼치는 실질적인 이유가 있다. 이런 정책은 거액의 전쟁 부담을 정기적으로 봉급을 받는 사람들이나 임금을 받는 노동자들에게 전가하게 된다. 한 성실한 공무원의 수입이 전쟁 발생 전의 1,000분의 1로 감소했다. 이런 정책은 이제 막 새로 탄생하고 있는 계급에 치명타를 가했다. 그들은 서로 다른 방향으로 분화했다. 그중 일부는 투기꾼이 되어 과거와 마찬가지로 대외무역항구의 무책임성과 경솔함에 굴종하는 것이었고, 다른 일부는 자신의 부친들이 살아왔던 전통적인 방식으로 복귀했는데, 이는 관리가 되어 부정부패를 일삼는 것이었다. 아주 소수의 사람들만이 자신이 닦은 기반 위에서 극심한 기아의 위협에 시달리면서도 계속해서 힘든 투쟁을 진행했다.

인플레이션은 투기꾼들을 격려한다. 정부의 통제력이 효력을 발휘하지 못하면서, 시장은 점점 더 무법천지로 변하고, 부는 아주 극소수 사람의 수중으로 집중되었다. 이런 현상은 중국 역사상 전례가 없는 것이었다. 기득권을 대표하는 냉정하고 잔혹한 계층은 자신의 배를 불릴 기회를 맞아 정부에 강력한 압력을 행사하여 인플레이션 정책을 추진했다. 이들 투기 세력은 내륙 지역의 대지주들과 이미 대외무역항구로 이주한 금융가들의 연합으로 결성되었다. 18~19세기 유럽의 자본가들과 이 투기 세력을 비교할 수는 없다. 유럽의 자본가들은 새로운 생산기술의 도입으로 부를 축적했다. 그들은 새롭게 획득한 권력으로 생산을 더욱 촉진하고 생산관계를 개선해 중세 봉건주의를 종식시켰다. 그러나 중국에서는 전통적 신사계급과 마찬가지로 투기 세력들이 전시에 비생산非生產적인 방법을 통해 부를 축적했다. 이들은 순전히 권력을 이용해 기회를 독점했으며 봉건적인 행동방식을 취했다. 이런 중세기 봉건주의의 직접적 독직과 횡령에서 탄생한 신용조직은 자유경쟁의 단계를 건너뛰었고, 사회복지와 연관된 계획들을 말살해 버렸다. 그들은 생산의 원천에서 자본을 빼내 개인의 향락을 위해 착복해 버렸다. 그들은 전쟁의 고난을 경험한 자신의 민족에게 빈곤을 가중했다. 중국의 사회구조에서 이런 계급의 성장은 중국의 지속적인 생존에 위협이 되었다.

농민들의 상황은 어떠했을까? 자급자족이 가능한 많지 않은 농민 가정은 화폐가치의 하락에서 오는 충격을 피할 수 있었다. 1941년 전후로 당시 윈난 농촌의 유일한 불행의 요인은 악랄한 행정당국의 징병이었다. 한 가정에서 건장한 노동력을 징병해 가면 그 가정은 곧 몰락할 수밖에 없었다. 그러나 이런 상황이 모든 가정에 해당하는 것은 아니었다. 노동력이 부족하지 않았던 일부 가정은 잠깐 노동력 감소에 대한 걱정을 피할 수 있었다. 전쟁 초기 식료품 가격이 다른 상품들의 가격보다 높았으며 농산물의 실질적인 가격 역시 상승했기 때문에, 농업 노동의 수입도 증가하고 동시에 쌀 가격도 높아졌다. 그러나 식량에 대한 세금징수 후 상황이 변했다. 이전에 농민들은 화폐로 세금을 납부했는데 인플레이션으로 인해 부담이 감소했었다. 그러나 1942년 정부가 정책을 변경해 농민들에게 식량을 세금으로 납부하도록 했다. 그 이후에 제정된 법률들은 정부가 시장가격보다 훨씬 낮은 고정가격으로 농민들에게서 식량을 수매할 수 있도록 했다. 악랄한 행정당국은 다시 농민들의 부담을 더 가중했다.

지주들로부터 토지를 징수한 후부터 식량세는 신사들에게도 영향을 끼쳤다. 자기 자신을 보호하기 위해, 신사들은 개인적 영향력을 이용하는 전통적인 수단으로 법률을 중립화시켰다. 전시법에 의한 정치를 회복시킨 결과 개인적인 사리사욕을 위한 부정부패 사건이 수없이 발생했다.

최근의 국공내전은 중국 사회구조가 현대적인 방식으로 새롭게 재구성되는 것을 방해했다. 어떤 면에서는 과거의 방식으로 회귀했으며, 다른 부문에서는 위험한 함정으로 추락했다. 앞으로 어떤 길을 선택할 것인가? 이것은 아주 중대한 문제이며 중국인들은 반드시 현실적인 대답을 제시해야 한다.

이 논문을 마무리하면서 다음과 같은 점을 보충하고자 한다. 현실을 과도하게 간략화해 묘사한 이런 논문으로 중국의 사회구조를 전면적으로 해석하려고 시도하기에는 지나치게 빠른 감이 있다. 중국의 사회구조에 대한 전면적인 분석을 위해서는 반드시 사회구조에 대한 조사가 선행되어야 한다. 연구의 개요를 정하는 것은 조사연구를 위한 가설적 개요를 제공하는 데 유리하며, 이것이 본 논문의 목적이다. 물론 이 논문이 중국 사회구조에 대한 일반적인 관점을 이해하는 데 흥미가 있는 사람에게는 참고가 될 수도 있다. 그러나 이 논문은 결론이 아니라 단지 좀 더 완성된 연구를 위한 초보적인 시도일 뿐이다.

장춘 첫 방문 중 농촌 아이들과 함께 (1936년)

부인 멍인(앞줄 오른쪽)과
칭화(清华)대학 사회학과
학생들과 함께 (1947년)

마오쩌둥(오른쪽에서 첫 번째), 후위즈(오른쪽에서 두 번째) 등과 함께 담화하는 페이샤오퉁(왼쪽 첫 번째) (1956년)

모교인 우장현 초등학교에서 (1957년 5월)

장춘을 재방문해 현지조사를 하는 페이샤오퉁 (1957년)

문화대혁명 중 노동
개조 학교(57간부학
교) 식당에서 무를 썰
고 있는 페이샤오퉁
(1969년)

장쑤성 우장현의 한 부락에서 현지조사 중 촌민들과 함께(오른쪽에서 세 번째) (1981년)

톈진 난카이대학 개학식 후 사회학과 학생들과 토론하는 페이샤오퉁(왼쪽) (1981년)

영국의 인류학자
모리스 블로쉬 교
수와 함께 (1986년)

윈난성 소수민족 지
역을 방문한 페이
샤오퉁 (연도 미상)

1939년 재혼 후 평생을 함께
한 멍인 여사와 함께 (연도 미
상)

:: 페이샤오퉁 연보

1910년 11월 2일 중국 장쑤성(江苏省) 쑤저우(苏州)에서 출생.

1928년~1933년 상하이 둥우(东吴)대학 의예과에 입학해 1년 수학. 이후 베이징(당시 베이핑[北平])대학의 전신인 옌징(燕京)대학에서 사회학과에 진학하여 졸업을 한 후 칭화대학(清华大学) 사회학 및 인류학과 대학원에 진학.

1935년~1936년 옌징대학에서 함께 사회학을 공부한 왕퉁후이(王同惠)와 결혼 후 칭화대학 장학생으로 선발. 영국 유학을 앞두고 부인과 함께 광시(广西) 지역 현지 조사 중 사고로 부인을 잃고 페이샤오퉁 본인도 부상을 입다.

1938년 영국 런던정치경제대학교(LSE, The London School of Economics and Political Science)에서 말리노프스키(Bronisław Kasper Malinowski)의 지도로 박사 학위 취득. 논문 제목은 『장춘경제』(江村经济, 영어로는 *Peasant Life in China*[中国农民的生活]로 번역).

1938년~1945년 귀국 후 윈난대학에서 교수로 재직하면서, 중국민주동맹(中国民主同盟)에 가입해 민주애국운동에 참여.

1939년 인도네시아에서 화교(华侨) 애국운동에 참가했다는 이유로 네덜란드 식민정부에 의해 강제 출국당한 멍인(孟吟)을 큰형 페이전둥(费振东)의 소개로 만나 재혼한 후 1994년 멍인이 세상을 뜰 때까지 55년 동안 고락을 함께하다.

1948년 『향토중국』(乡土中国), 『황권과 신권』(皇权与绅权, 공저) 출판.

1952년~1957년 중앙민족학원(中央民族学院) 부원장, 중국과학원(中

国科学院) 철학사회과학부 위원 역임.

1953년 *China's Gentry : Essays in Rural-Urban Relations*(中国绅士)가 미국 시카고대학출판부에서 출판.

1956년 전국인민대표대회(全国人大) 민족위원회 위원 당선.

1957년 반우파운동(反右运动) 중 우쩌린(吴泽霖), 판광단(潘光旦) 등 과 함께 인류학과 민족학계의 우파로 비판받고 고초를 겪다.

1979년 중국사회학회 회장에 선출되어 중국의 사회학 재건에 진력.

1980년~1982년 중국사회과학원(中国社会科学院) 사회학연구소장 역 임.

1983년 중국인민정치협상회의(中国人民政治协商会议) 전국위원회 부 주석 당선.

1985년 1983년 자신의 고향인 장쑤성 우장(吳江, 현 쑤저우시 우장구) 에 대한 연구를 시작으로 창강(长江) 삼각주 일대의 촌락을 연구 한 『4개 도읍에 관한 연구』(小城镇四记)를 발표하다.

1986년 『4개 도읍에 관한 연구』의 영문판 *Small Towns in China : functions, problems & prospects*를 출판.

1988년 제7기 전국인민대표대회 부위장에 당선. 영국 브리태니커상 수 상. 『페이샤오퉁민족연구문집』(费孝通民族研究文集) 출판.

1989년 중국의 가장 민감한 문제 중 하나인 민족문제에 대한 중요한 이론적 기여를 한 『중화민족의 다원적 일체 구조』(中华民族多元 一体格局) 출판.

1999년 『페이샤오퉁문집』(费孝通文集) 출판.

2005년 4월 24일 베이징에서 별세.

:: 인명 찾아보기

:: 용어 찾아보기